用有錢人
的思維賺錢

最輕鬆的投資入門，甩開定存的吃土人生

喻修建 著

最強資本＝專注！時間！金錢！

月光光，心慌慌，你是隱形貧困族嗎？
一本書教你如何擺脫貧窮、邁向財務自由！

崧燁文化

用有錢人的思維賺錢
最輕鬆的投資入門,甩開定存的吃土人生

目 錄

自 序

自我分析

**第一章
財富,其實是一種思想**

一、什麼是真正的財富　　　　　　　　　　　　24
　1. 其實你並不懂錢　　　　　　　　　　　　　25
　2. 錢,到底是什麼　　　　　　　　　　　　　25
　3. 你的時間值多少錢　　　　　　　　　　　　28
　4. 在起點重視金錢　　　　　　　　　　　　　32

二、有錢也不一定有資本　　　　　　　　　　　37
　1. 什麼是資本　　　　　　　　　　　　　　　37
　2. 三個基本要素　　　　　　　　　　　　　　38
　3. 突破認知框架　　　　　　　　　　　　　　41

用有錢人的思維賺錢
最輕鬆的投資入門，甩開定存的吃土人生

三、你所擁有的最寶貴的資產　　　　　　　　　　**46**
　　1. 被收割的注意力　　　　　　　　　　　　　　46
　　2. 人生三大坑　　　　　　　　　　　　　　　　48
　　3. 注意力 > 時間 > 金錢　　　　　　　　　　　51

第二章
通往財富自由之路

一、那些年，阻擋你有錢的迷思　　　　　　　　　**59**
　　1. 被困在永恆的當下　　　　　　　　　　　　　59
　　2. 沒有 100% 的安全感　　　　　　　　　　　　60

二、財富，是認知的變現　　　　　　　　　　　　**64**
　　1. 認知，是賺錢的前提　　　　　　　　　　　　64
　　2. 賺錢，是認知的變現　　　　　　　　　　　　67
　　3. 建立自己的認知體系　　　　　　　　　　　　69

三、財務自由的三個要素　　　　　　　　　　　　**74**
　　1. 意識　　　　　　　　　　　　　　　　　　　76
　　2. 累積第一桶金　　　　　　　　　　　　　　　80
　　3. 打造自己的投資體系　　　　　　　　　　　　85

第三章
我們為什麼總是窮

一、缺錢,是一種「傳染病」　　　　　　　　　93
1. 沒錢,是一種怎樣的體驗　　　　　　　　93
2. 我自己的故事　　　　　　　　　　　　　96
3. 哪些狀況導致我們貧窮　　　　　　　　　98

二、賺錢先「換腦」　　　　　　　　　　　　102
1. 什麼是窮人思維　　　　　　　　　　　　104
2. 富人們都在想什麼　　　　　　　　　　　106

第四章
怎樣賺取人生的第一桶金

一、要投資,先規劃　　　　　　　　　　　　125
1. 制定規劃的意義　　　　　　　　　　　　126
2. 踐行規劃的三大要素　　　　　　　　　　128

二、學會聰明地花錢　　　　　　　　　　　　139
1. 不買低效用的東西　　　　　　　　　　　140
2. 學會有經驗地省錢　　　　　　　　　　　143
3. 花錢的原則:資產 > 負債　　　　　　　　145
4. 多為自己花錢　　　　　　　　　　　　　147

用有錢人的思維賺錢
最輕鬆的投資入門，甩開定存的吃土人生

三、儲蓄——告別「月光族」	**150**
1. 學會記帳	151
2. 設定預算	153
3. 把收支交換位置	155
4. 存錢，是一種習慣	157

第五章
開始投資前最重要的事

一、收益率越高越好嗎	**168**
二、資產配置是穩健收益的核心	**172**
1. 什麼是資產配置	172
2. 資產配置到底有多重要	173
3. 怎麼做資產配置	175
三、市場上有哪些投資產品	**179**
1. 銀行固定收益類產品	181
2. 股票	183
3. 基金	185
4. 商品投資	188
5. 信託	189
6.P2P	190

第六章
投資理財產品如何選擇

一、銀行發行的理財產品　　198
　　1. 明確需求　　198
　　2. 風險評估　　200
　　3. 怎樣買銀行理財產品　　202

二、證券公司發行的理財產品　　206
　　1. 券商理財　　206
　　2. 集合資產管理計劃　　207

三、保險公司發行的理財產品　　211
　　1. 具有投資屬性的保險　　212
　　2. 養老保障委託管理產品　　216

四、銀行、券商、保險公司，誰的理財產品更值得買　　219

第七章
基金投資，最簡單的賺錢工具

一、基金　　224
　　1. 為什麼要買基金　　224
　　2. 這幾個概念要知道　　226

    3. 基金有哪些類型　　　　　　　　　　　　228
    4. 如何挑選優質基金　　　　　　　　　　　234
    5. 基金投資的三大紀律　　　　　　　　　　235
    6. 買基金，這些費用一定要知道　　　　　　237

二、指數基金　　　　　　　　　　　　　　　**241**

附錄：　　　　　　　　　　　　　　　　　　**244**

    1. 什麼是指數基金　　　　　　　　　　　　244
    2. 如何挑選指數基金　　　　　　　　　　　246
    3. 怎樣買賣指數基金賺錢　　　　　　　　　249

第八章
贏的力量：極簡投資法

一、基金定投　　　　　　　　　　　　　　　**257**

    1. 定投基金的好處　　　　　　　　　　　　258
    2. 定投的微笑曲線　　　　　　　　　　　　261
    3. 定投的時間要多長　　　　　　　　　　　262
    4. 基金定投是否要止盈止損　　　　　　　　265
    5. 定投金額和頻率如何選擇　　　　　　　　267

二、避險品種：黃金怎麼投　　　　　　　　　**270**

    1. 黃金其實並不保值　　　　　　　　　　　270

2. 這些產品都是黃金投資　　　　　　　　　272
三、外匯值得買嗎　　　　　　　　　　　　　**278**
　　1. 外匯投資的一些常識　　　　　　　　　　278
　　2. 如何投資外匯　　　　　　　　　　　　　279
四、打敗 90% 投資的極簡組合　　　　　　　**281**
　　1. 極簡投資組合　　　　　　　　　　　　　283
　　2. 具體操作步驟　　　　　　　　　　　　　284
　　3. 收益回測　　　　　　　　　　　　　　　286

後記

用有錢人的思維賺錢
最輕鬆的投資入門,甩開定存的吃土人生

自 序

賺錢，那些最簡單的事

我們過上夢想生活的阻礙是什麼？金錢。毫無疑問。

博多‧沙弗曾經說，金錢代表了一種特別的觀念，反應了我們的心理狀態。它並不會毫無緣故地產生，更多以一種能量的方式體現出來：我們在生活中投入的能量越多，便會有越多的金錢向我們湧來。

簡單地說，真正的成功者始終具有賺錢能力。就像巴菲特所說，如果你沒有找到一個當你睡覺時還能賺錢的方法（「睡後」收入），你將一直工作到死！也就是說，你應該找到「躺著就能賺錢」的途徑。

是的，我們每個人都有夢想。我們都想要過上幸福的生活，都渴望實現財務自由，能夠自主地選擇和掌控自己的人生，甚至為此設計好了種種途徑。

實際上，我們卻一次次地被自己打敗，在財務上不斷地陷入困境，在人生面前輸得一塌糊塗，生活依然一成不變，殘酷的現實像溫水煮青蛙似的逐漸把夢想扼殺在搖籃裡。

用有錢人的思維賺錢
最輕鬆的投資入門，甩開定存的吃土人生

我們忘記了，生活體面、財務自由是我們與生俱來的權利。

但我們通常都聽天由命。我們沒有底線地懶惰，毫無原則地接受妥協———在無數次試圖努力改變的時候，時間已經把我們遠遠地拋在後面。更多的時候，我們中的許多人如果沒能過上理想的生活，都會歸咎於自己沒有賺很多錢。

那人的一生，究竟需要賺多少錢，才能擁有安全感？

這也許是一個薛西弗斯之謎，永遠沒有最準確的答案，就像薛西弗斯把巨石拚命地推上山頂，又會重新滾落下來，永無休止。

也許，你曾經的夢想是能夠吃飽飯，你的財務自由標準是每頓都有肉吃，計算著每月 30000 元的收入就夠了，緊巴巴地過日子。可是等你一個月賺 10 萬元，或者一年賺 200 萬元時，你又會突然發現，人生中還有很多比「吃肉」更重要的事情。

有人說，賺錢這種事，就像升級打怪，你儲值了 1000 點人生點數進去，以為提升了裝備，從此就會過上幸福的生活。然而事實呢？隨著越爬越高，你的眼界越來越高，而越高的眼界，則會產生越多的危機感。

所以，這個世界上永遠沒有 100% 的安全感。我以為，真正的安全感其實來自對未來的清楚思考，而不只是擁有房子、存款這些在別人眼裡「實實在在」的東西。

換句話說，比賺錢更重要的，是你的持續賺錢的能力。

多年的投資經歷告訴我，賺錢本身是一件複雜的事，從整體的經

自序

濟週期、行業演變，到個體的投資方法、資產配置，涉及眾多跨學科的知識體系，有賴於同時對各個方面保持密切的關注，省略了任何一方面都有可能導致不盡如人意的收益結果。

那能否化繁為簡，找到一些簡單可行的法則和工具，讓我們直接觸及投資賺錢的本質？既然投資賺錢有太多複雜的因素難以把握，我們能不能只試著去把握那些能夠把握的最簡單的事，把那些不能把握的複雜因素留給運氣和機率？

儘管簡化投資賺錢的行為是我的終極目標，但我並不打算也沒有能力寫一本投資指南。

我知道，幾乎所有的人，都希望能夠找到一勞永逸的賺錢方法———不僅適用於自己，還適用於全人類；不僅適用於昨天，還適用於今天和明天。

歷史上似乎從來沒有任何人在這方面取得成功，因為這個追求本身就是不可能的，而且這種不可能大多是由懶惰和隨波逐流造成的。

這本書是對我多年以來的投資賺錢理念的陳述，我堅定地信奉這些理念，它們是指引我在投資大海上保持正確航行的燈塔。相對而言，我更希望它能提供一種思維認知的方式，可能有助於你做出良好的決策，避開那些常犯的錯誤。

例如，人生中什麼最重要？我的答案很直接：選擇。

就是這樣。人生的頭等大事歸納起來只有一件：選擇。

別不相信，人這一輩子需要站在十字路口去選擇的機會，不外乎

用有錢人的思維賺錢
最輕鬆的投資入門，甩開定存的吃土人生

也就這麼幾個：上大學選擇什麼科系，畢業了選擇什麼工作，到年齡了選擇和誰結婚，如果投資的話選擇什麼方法。

所謂「大事」，無非也就這些。

而每個人做出選擇的背後邏輯，就是他的價值觀。價值觀不同，做出的選擇就會截然不同。例如，我們知道了賺錢更重要，就不會把時間浪費在喝酒、打牌和無謂的應酬上；我們知道了投資的前提是避險而不是冒險，就不會盲目地買入一支都不知道做什麼的公司股票。

培養自己的正確價值觀，就等同於提高選擇的品質。價值觀是什麼？最通俗的定義是：

知道什麼好、什麼更好、什麼最好；或者，知道什麼重要、什麼更重要、什麼最重要。

選擇大於努力。但事實上，絕大多數人在重大選擇上毫無能力。尤其在面對賺錢時，很容易就被那些雞毛蒜皮的事情所牽扯，以至於注意力不夠集中而賺不了錢。

可以這樣總結一下：

選擇決定賺錢，決定選擇的是價值觀。因此，真正決定一個人能否賺錢的是一個人的價值觀。

美國哲學家艾茵蘭德說：金錢不會聽命於配不上它的頭腦。

進一步說，一個投資者的潛力不僅取決於他賺錢的能力，也取決於他承載金錢的能力。如果只有賺錢的能力，沒有承載能力，他早晚都會被金錢壓垮，因而也就沒有機會成為真正意義上的成功者。

自序

我一直認為，正如老子在《道德經》裡所說的「大道至簡」，任何能夠賺錢的投資理念，都應該是簡單的。跟複雜相比，簡單往往意味著風險小、不確定性少，簡單才能更專注和可複製。

越是簡單才越容易理解，對越容易理解的事物越容易做出正確的判斷。投資方法與工具簡單，才能讓投資者易於掌握；投資對象（產品）簡單，才能讓簡單的投資成為可能，才能讓賺錢成為高機率的事情。

所以，這本書打破傳統投資理財書籍關於知識的陳列方式，站在投資者實際操作的角度，從賺錢的認知邏輯開始，提供面臨選擇時所需要的知識，而不是口若懸河地紙上談兵，尤其適合初涉理財領域的投資新手。

我希望，讀完這本書，你能夠快速上手，掌握實際操作性的科學賺錢方法，學會如何控制風險和管理自己的資產配置，找到一條長長的濕滑的坡，獲得穩健而持續的回報，從容地享受「滾雪球」式的複利增長。

讓賺錢更簡單，讓人生更自由。

這本書是以我個人的投資實踐經驗為主，並參考了自己認同的價值觀念，一些理念、判斷和評論都帶有鮮明的個性特點和時間烙印，疏漏在所難免。不足之處，還請讀者朋友們批評指正。謝謝！

喻修建

用有錢人的思維賺錢
最輕鬆的投資入門，甩開定存的吃土人生

自我分析

你處於什麼樣的財務狀況

閱讀本書前,請回答以下問題。

1. 你如何評價自己的收入?

☐非常好　☐很好　☐好

☐滿意　　☐差　　☐非常差

2. 你如何評價自己的淨資產?

☐很好　☐好　☐滿意

☐足夠　☐差　☐非常差

3. 你如何評價自己的投資?

☐很好　☐好　☐滿意

☐不差　☐差　☐非常差

4. 你如何評價自己投資理財方面的知識?

☐很好　☐好　☐滿意

☐足夠　☐差　☐非常差

用有錢人的思維賺錢
最輕鬆的投資入門，甩開定存的吃土人生

5. 你確切地知道自己的目標、需要的投入和資金來源嗎？
□非常清楚 □清楚 □瞭解
□知道 □不知道 □完全不知道

6. 你的交際圈中的大部分人
□比你富有 □財務狀況差不多 □比你窮

7. 你是否每月至少儲蓄收入的 10%？
□是 □不一定 □否

8. 你是否認為你應該賺大錢？
□是 □否 □從來沒有考慮過這個問題

9. 如果不再有其他收入，你現有的資金夠你生活多久？
_____ 個月

10. 你能否計算出你什麼時候可以靠利息便可生活？
□能 □不能

11. 如果今後 5 年的財務發展狀況和前 5 年一樣，你會感到滿意嗎？
□滿意 □不滿意

12. 你知道自己關於金錢的真實想法嗎？
□清楚知道 □知道一些 □不知道

13. 你會如何描述你的財務狀況？
_____。

14. 金錢在你的生活中更多的是
□一種幫助　□一種阻礙
15. 你瞭解基金嗎？
□非常清楚　□清楚　□瞭解
□知道　□不知道　□完全不知道
16. 你瞭解股票知識嗎？
□非常清楚　□清楚　□瞭解
□知道　□不知道　□完全不知道
17. 關於金錢、支付和財務，你有何觀點？
_____。
18. 在回答完上述問題之後，你有何感想？
_____。
（以上內容部分摘自博多・沙弗所著《財務自由之路》）

用有錢人的思維賺錢
最輕鬆的投資入門,甩開定存的吃土人生

第一章
財富，其實是一種思想

用有錢人的思維賺錢
最輕鬆的投資入門，甩開定存的吃土人生

在一秒鐘內看到本質的人，和花半輩子也看不清一件事情本質的人，自然擁有不一樣的命運。從某種意義上來說，財富就是一個「思想認知變現」的過程，你有多深刻的思想認知，就能賺到多大的財富。

財富，是一個人的思考能力的產物。

——艾茵蘭德

現實生活中，大多數人都認為自己勤奮上進，在努力賺錢。但事實上，很多人的工作都不能算是賺錢，只是為了「活下去」，為了生存而活著。付出的是成本，獲得的是收益。當收益小於成本時，稱為虧損；成本等於收益，稱為交換；只有當收益大於成本時，才稱為賺錢。

我們今天的生活，其實是用自己付出的時間和精力換來的，這是等價式的交換，並不是賺錢。所以，有些勤奮可以讓你生活得更好，有些努力則價值不大。沒有提升自我的努力，除了感動自己外，一無是處。

人與人之間最大的不同，源自「認知模型」的差異。認知水準是在面對眾多選擇時，做出更優化高效率決策的能力，也是一個人一生的「決策算法」。因為認知的差異，對未來的判斷就會不一樣，對同一件事情的風險和機會有不同的結論，最後導致不同的決策。

儘管思維認知的訓練有別於體能的訓練，不需要劇烈的身體運

第一章　財富，其實是一種思想

動,但是絕大多數人還是習慣於隨波逐流、懶得思考,更樂意簡單地依賴於自己的本能和習慣決策系統,不願意做深度思考和分析判斷。《教父》的作者馬里奧普佐說,在一秒鐘內看到本質的人,和花半輩子也看不清一件事情本質的人,自然擁有不一樣的命運。所以,你的認知在哪一個層級,你的人生就會處於什麼樣的狀態。從某種意義上來說,財富就是一個 「思想認知變現」 的過程,你有多深刻的思想認知,就能賺到多大的財富。

用有錢人的思維賺錢
最輕鬆的投資入門，甩開定存的吃土人生

一、什麼是真正的財富

財富等於擁有多少錢嗎？

並非如此。在我看來，真正的財富是指在「基本」的生活需求得到「持續」保障的前提下，有足夠的資本可以「自由」地投入「該」做的事情中。

簡單地說，就是有足夠的金錢，讓你可以做你想做的事情。在某種意義上可以說，財富＝自由。

如果說，人身自由是能夠正常做人的基本保證，那麼，真正的財富就是能夠正常生活的最低保障。遺憾的是，很多人從一開始就拒絕談錢，認為談錢太世俗，甚至鄙視那些想賺更多錢的人。坦白地說，我曾經就犯過這樣的低級錯誤。但現在，我並不覺得錢有什麼不好，相反，我很樂意並且確確實實把賺錢當作人生的目標之一。當然，我更願意把真正的財富看作一種生活感受，是不可衡量的，而絕非一串冷冰冰的數字，或者擁有幾套豪宅、幾輛豪車。

儘管財富並沒有標準定義，但我想每一個人的心中，都應該有一個自己的答案。在現實生活中，90% 的人之所以沒有創造真正的財富，根本原因是他們從來沒有意識到，有一種能夠創造財富的系統可以複製。換句話說，大多數人都產生了錯誤的思想認知，因為他們不知道可以模仿創造財富的典範。

第一章　財富，其實是一種思想
一、什麼是真正的財富

1. 其實你並不懂錢

人最大的敵人，其實是自己。在生活中，我們經常會感到困惑不解，如自己設定某個目標之後，明明為之付出了不懈努力，但許多年過去了，我們卻並沒有按照自己期望的速度向它靠近，甚至背道而馳。這是為什麼？

年輕的時候，我們大都經歷過「我行我素」的任性過程，如追求自由、不想被束縛，總覺得「世界很大，我想去看看」，不斷地瞎忙空轉。這折射出的是：我們其實並不清楚自己到底想要什麼。

心理學家告訴我們：如果我們的大腦對一件事情缺乏概念，那麼我們的思維就不會去認知這件事情，更不會刨根問底。

進一步說，如果我們對金錢充滿了渴望，期望實現財富自由，那麼我們必須認知金錢、懂得財富，甚至就像熟悉自己的身體一樣瞭解它，才能擁有加速向它靠近的前提和可能。

基於此，《富爸爸窮爸爸》的作者羅伯特清崎曾經在演講時說：

人們在財務困境中掙扎的主要原因是，他們在學校裡學習多年，卻沒有學到任何關於金錢方面的知識。其結果是，人們只知道為金錢而工作，但從來不學著讓金錢為自己工作。

2. 錢，到底是什麼

一萬個人眼中有一萬個哈姆雷特，它取決於每個人不同的心態和眼光。

用有錢人的思維賺錢
最輕鬆的投資入門，甩開定存的吃土人生

　　通常來說，錢是一種貨幣，是支撐整個社會運行的經濟工具。就像黃金一樣，錢本身並無價值，它只是一張薄薄的紙印上了五顏六色的文字和符號，被賦予了某種交易的衡量價值而已。錢真正的價值來自它的流動性。錢必須是在不斷循環中流動才能「生錢」。例如，給你 1000 萬元，只是儲存在銀行不能取出來使用，那它就是毫無意義與價值的。所以，沒有流動就沒有價值，把錢存在銀行裡，也是持續貶值的。認識到錢這個與生俱來的屬性，是非常重要的，它將是我們真正懂錢、賺錢的基礎。

　　挪威劇作家易卜生寫過一部名劇《玩偶之家》：女主翁公娜拉一直活在傳統的婚姻制度下，內心壓抑沉悶，跟丈夫的關係非常不平等，終於有一天她覺醒了，離家出走開始了新的人生。

　　幾乎所有人在看完這部戲劇之後，都會毫不吝嗇地讚揚娜拉追求自由、平等的反叛精神，女權運動者對她更是讚賞有加。作為少數派的魯迅先生的看法卻迥然不同，他發表了《娜拉走後怎樣》的文藝會講：

　　可是走了以後，有時卻也免不掉墮落或回來。否則，就得問：她除了覺醒的心以外，還帶了什麼去？倘只有一條像諸君一樣的紫紅的絨繩的圍巾，那可是無論寬到二尺或三尺，也完全是不中用。她還須更富有，提包裡有準備，直白地說，就是要有錢。

　　夢是好的；否則，錢是要緊的。

　　錢這個字很難聽，或者要被高尚的君子們所非笑，但我總覺得人

第一章　財富，其實是一種思想
一、什麼是真正的財富

們的議論是不但昨天和今天，即使飯前和飯後，也往往有些差別。凡承認飯需錢買，而以說錢為卑鄙者，倘能按一按他的胃，那裡面怕總還有魚肉沒有消化完，須得餓他一天之後，再來聽他發議論。

所以為娜拉計，錢——高雅的說罷，就是經濟，是最要緊的了。自由固不是錢所能買到的，但能夠為錢而賣掉。

幾乎可以這樣說，世界上很少有東西比金錢更有爭議。它是最被渴望的，也是最受詛咒的。金錢不僅被看作物質現象，而且是最極端、最糟糕的物質現象，它被看成最低俗、最骯髒的東西，甚至是萬惡之源，但它又是一部分人不擇手段追求的目標。這種對金錢的雙重態度體現出一部分人人格的巨大分裂：一方面對金錢進行毫不留情的口誅筆伐，另一方面在私下裡卻對財富和擁有財富的人充滿了豔羨與膜拜。

事實是，金錢的確改變了我們生活中的許多東西。它不會解決所有問題，它也不是萬能的。但是，缺錢卻能使我們的幸福蒙上一層陰影。

中國有句古話：貧賤夫妻百事哀。大多數夫妻感覺到，因為金錢發生的爭吵對他們共同的未來構成了威脅，並發現這種爭吵比因其他問題發生的爭吵更難化解。

有了錢，我們在處理問題的時候便能夠嘗試多種方式，有機會結識更多高層次的人，得到更加有趣的工作，獲得更多的人生自信。

某種意義上，每個人賺錢的多少，會折射出他能調動的社會資源

用有錢人的思維賺錢
最輕鬆的投資入門，甩開定存的吃土人生

（包括人和自然兩種資源）的總量。例如，你擁有 100 萬元存款，另一個人有 1 萬元的存款，你可以得到的社會資源，自然比那人更多。

這其實也說出了錢的本質，它實際上就是對各種社會資源的所有權和使用權的量化。你之所以能夠有錢，是因為你提供了你的時間為社會做了有益的事情，也就是說將你的時間資源商品化的結果。

世界上所有的一切，都是有價格的。

跟大家分享我對於金錢的三個觀點：

① 錢不是萬能的，但沒有錢是萬萬不能的。錢能幫我們解決很多問題，但很多東西是錢帶不來的，如健康、親情、愛情、幸福等。

② 雖然賺錢是第一位的，但不代表省錢不重要。在「開源、節流、投資、風控」的投資理財四大要素中，缺少任何一項都難以實現財務自由。

③ 合理控制自己的慾望，不要成為金錢的奴隸。錢是中性的，既不善良，也不邪惡，只有我們應用於生活之中才給予它不同的屬性。

3. 你的時間值多少錢

世界上任何東西的獲得都是有代價的，錢也是如此。

大學剛畢業那些年，因為特別喜歡上網寫東西，我經常深更半夜寫推文、部落格。一篇 1000 多字的文章，往往要耗上三四個小時，發

第一章　財富，其實是一種思想
一、什麼是真正的財富

表後能獲得數千上萬的點閱率。朋友們毫不吝嗇地讚賞，自己也沉醉其中，感覺良好。然後，有人問：這能賺錢嗎？

曾經有一段時間，我迷戀上了攝影。於是泡在各種攝影論壇裡「指點江山」，認識了喜歡拍照的朋友，相約帶著沉重的單眼相機去爬山，修照片、傳照片，投入了大把的時間和精力，自己樂此不疲。然後，有人問：這能賺錢嗎？

等等，諸如此類。

每當我自我感覺良好的時候，「賺不賺錢」這個問題就像一盆冷水，突然從頭頂澆下來，不僅澆滅了我的熱情，而且經常讓我感到難堪與羞愧。

我一直害怕回答賺錢的問題，並不是故作清高不愛錢。老實講，在年輕的時候，我從來沒想過這些事能帶來多少金錢的收穫，也許情懷和理想占據了主導，甚至都沒有往賺錢這個方向上思考過。

但，人常常是經受不起考驗的。李笑來說，年輕的時候無所謂，到了一定年齡卻都逃脫不了金錢的束縛與限制，都是到了「迫不得已」的時候才開始重視金錢，所以「慘淡的結局」其實是從一開始就注定的，並不像大多數人以為的那樣，直到中年才遇到所謂「中年危機」。

最終，我們不得不承認一個現實：那些認真對待金錢並為之投入大量時間的人，獲得金錢的能力更強，而且會越來越強。

2014年6月中旬，我認識了一位著名的私募基金大人物。這個人

用有錢人的思維賺錢
最輕鬆的投資入門，甩開定存的吃土人生

很有錢，但他也不知道自己到底有多少錢——因為他投資的股票、收藏的藝術品都是隨著時間必然會持續升值。一次，有個年輕人登門向他請教：「你為什麼這麼有錢？」他認真地思考了一會兒，然後回答說：「你每天花多少時間想如何賺錢？我可是天天想著怎麼賺錢，早上起來就在想，晚上躺在床上也在琢磨。你呢？可能就是想想而已，想了一下，然後就繼續喝酒、打牌，或者做別的去了。我們花的時間和精力不一樣，怎麼可能一樣有錢呢？」

瞧瞧，在不少人叫嚷著「世界很大，我想去看看」而忙碌不止且引以為榮的時候，另外一些極少數的人卻是「生命不息，琢磨不斷，賺錢不止」。大多數人都想賺錢，卻不願意花時間思考如何賺錢以及馬上付諸行動，止步於空想階段。難道坐在家裡等著天上下一場「金雨」？

賺錢需要本金。你的本金是什麼？存款、人脈，或者知識？一個人最寶貴的是什麼？不是房子，也不是存款，而是你的時間！

你把自己的時間放在哪裡，你的未來就在哪裡。

不花時間在孩子身上，會有很好的親子關係？不花時間鍛鍊，就能身體健康？不花時間賺錢，財富會從天而降？

一天有24個小時，除了8小時睡覺、2小時吃喝拉撒之外，還有14個小時可以用來工作與學習，職場中人減去8小時工作時間，還有6個小時可支配，用來學習和成長。如何利用這些時間？如何讓每個小時產生最大的價值和最多的收入？

第一章　財富，其實是一種思想
一、什麼是真正的財富

舉個例子，張三每天收入 1 萬元，工作 8 小時，每小時賺 1250 元；李四每天收入 1000 元，工作 8 小時，每小時賺 125 元。張三在 1 小時內產生的價值是李四的 10 倍。你覺得誰的時間更有價值？誰更在乎自己的時間呢？

賺錢越多的人，往往越重視自己的時間，他知道自己每個小時的價值是什麼，所以他不會輕易浪費揮霍，他會用最少的時間做最重要的事情。同時，他每天思考最多的是，如何讓自己在每小時內創造的收入更多。

而每小時收入 125 元的人，甚至根本沒這個概念的人，他往往不會去想自己每小時創造的價值是什麼，也許就算知道了，也會安慰自己不就是 125 元嘛，閒聊喝酒打牌玩樂 6 個小時，最多 875 元不要了，也不會覺得心疼。

有一個公式是：

時間 > 金錢

越是在賺錢和投資理財的早期，這個公式就越普適。換句話說，你如果想賺更多的錢，你就要付出比收入更多的時間去琢磨、去規劃、去實踐。如果你不打算投入更多的時間和精力，就想一下子把收入提高，這本身就是不合理的，天上永遠不會掉餡餅。

所以，在不打算投入更多時間和精力就想賺錢與獲得更多收入的情況下，通往財務自由之路的大門永遠是關閉的。還是死了這條心吧，該玩什麼就去玩什麼，這可能就是你的人生。

用有錢人的思維賺錢
最輕鬆的投資入門，甩開定存的吃土人生

在這裡，有一個非常重要的公式：

注意力＞時間＞金錢

你的注意力集中在哪些事情上？你的注意力都用在解決什麼問題上？這個話題留在後面章節再做進一步的闡釋。

4. 在起點重視金錢

人最難瞭解的是自己。所謂不識廬山真面目，只緣身在此山中。現實生活中，有太多的人活得迷惘，並且因迷茫而憤懣，感覺自己的人生總是充滿失敗。

接觸不少人之後，你會發現，那些真正的成功者，是從始至終目標感非常明確的人，知道自己要什麼、適合什麼。這些人的生活，就像水分充足、顆粒飽滿的石榴，紅潤而滿足、篤定而從容。

大學剛畢業的那段時間，我一無所有地開始在城市裡工作，那間不足 10 平方公尺的辦公室亦是寢室，連做飯的地方都沒有，覺得生活真是艱難。每個月領著 2 萬多元的薪水，加上交通費、餐飲費，還有偶爾的交際費用，處處都要花錢。

與我的艱難和捉襟見肘的生活狀況形成對比的是，畢業沒多久，好朋友小歡已經積攢下了十幾萬元，工作也得心應手，收入穩定而有規律。

我很不解：同樣都是剛畢業，同樣都是沒找父母要一毛錢，為什麼我們之間的差距會這麼大呢？

第一章　財富，其實是一種思想
一、什麼是真正的財富

後來從聊天中得知，早在上大學的時候，小歡就已經有意識地開始賺錢並儲蓄。例如，他利用週末時間在出版社做兼職編輯，還抽空接了兩個待遇不錯的家教，甚至跟同學合夥做早餐並送貨上門。大學4年，他不但賺夠了自己的生活費，每個月還留存不少的錢用來投資理財，從未間斷。在時間的複利累積下，他所賺到的錢遠遠超過了我們這些同齡人。

若干年前，我的師父兼人生教練曾經在我從報社辭職下海的時候，語重心長地對我說，你現在必須花時間想清楚，你想要的究竟是什麼，你又最適合做什麼。他以自己的親身經歷告訴我，他花了三四年的時間來想清楚這件事，包括自己和公司未來持續的賺錢模式。自此，他對自己未來的發展方向明確而篤定，現在，他的總資產已達10位數。

我發現了一個規律：那些很早就明白自己要幹什麼的人，最後一定能實現自己的目標，差異不過是程度深淺罷了。

在某種意義上，每個人的終局，常常不是由「是否在乎金錢」決定的，而是由其他因素如何與「是否在乎金錢」搭配決定的。是什麼因素呢？「起點」與「終點」。

投資大師李笑來曾經說：

如果一個人在起點就不在乎金錢，在終點依然不在乎金錢，那麼他的終局怎麼可能會被金錢的多少所影響呢？

如果一個人在起點就在乎金錢，萬一到了終點時真的已然不在乎

用有錢人的思維賺錢
最輕鬆的投資入門,甩開定存的吃土人生

金錢,那麼他的終局會如何被金錢的多少所影響呢?

所以,我們實際上要比較的是兩種情況:

在起點不在乎金錢,在終點卻在乎金錢。

在起點在乎金錢,在終點依然在乎金錢。

我以前一直固執地認為提到錢特別庸俗,刻意把錢看得很淡。我覺得自己就是那種靠精神就能吃飯,就能坦然過完這一生的人,甚至不明白一個人可以窮到什麼地步。後來才發現,錢那麼重要。尤其是到了上有老下有小的中年階段,牽一髮而動全身,好像凡事都離不開錢。當你選擇困難症發作的時候,你的帳戶餘額會提醒你:說錢不重要的人,往往都是身價不菲的人; 說不要只顧著賺錢的人,往往都是不缺錢的人。

年輕的時候,總抱有一絲僥幸心理: 該有的還是會有的,只是時間早晚的問題。甚至有時候還會鄙視別人把錢看得太重,認為他們到頭來還不是一場空?最令人氣餒的是,自己在已經沒有多少機會時才發現金錢的重要。這個切膚之痛在於「還不知道是怎麼回事兒,卻突然發現自己已經輸了」。所以,在年輕的時候,自己處於起跑線上,認真思考金錢、重視金錢才是實際上的優勢策略。

最終,我們不得不承認一個現實:

那些認真對待金錢的人,獲得金錢的能力更強,而且會越來越強。

如果你承認這的確是事實,那麼李笑來的結論就是很自然而

第一章　財富，其實是一種思想
一、什麼是真正的財富

然的了：

那些「在起點不在乎金錢，在終點卻在乎金錢」的人，由於在「琢磨如何賺錢」這件事上花費的時間和精力相對更少，於是，他們的賺錢能力很可能更差。所以，他們有更大的機率在終局到來時「沒賺到多少錢，卻很在乎金錢」——怎一個「慘」字了得！

那些「在起點在乎金錢，在終點依然在乎金錢」的人，由於在「琢磨如何賺錢」這件事上花費的時間和精力相對更多（他們從一開始就在使勁琢磨），於是，他們的賺錢能力很可能更強。所以，他們有更大的機率在終局到來時「已然賺到很多錢」——對這種人來說，「是否在乎金錢」很難影響他們的幸福感了。

「在起點不在乎金錢，在終點卻在乎金錢」，竟然是最可能導致不幸終局的組合！

的確，年輕的時候在乎錢，其實真是一件挺無聊和沒趣的事情。按照賺錢的發展軌跡來說，在年輕的時候，即使使出吃奶的力氣，也都處在那條平緩的甚至看不出斜線的水準線上，賺到的錢實際上也很少。

有夢想、談情懷、講格調——這些都是貼在年輕人身上的標籤。但是，我們不主張年輕人視金錢為糞土，不重視金錢，尤其反對年輕人不重視賺錢的能力。

金錢並非萬能，恰恰相反，我們知道還有更多比金錢更為珍貴和有價值的東西，比如時間，比如家庭。我們只是強調認知和思維方

用有錢人的思維賺錢
最輕鬆的投資入門，甩開定存的吃土人生

式,「在起點重視金錢」 比 「在起點不重視金錢」 更划算，到達終點時痛苦更少。

二、有錢也不一定有資本

在咖啡館和朋友聊天，朋友講了一個例子。

一個人用 1000 元進貨買了 5 條香煙，在便利店每條賣 250 元，總計收到 1250 元。另一個人很窮，每個月領取 1000 元的最低生活補貼，全部用來買了柴米油鹽。同樣是 1000 元，前者通過經營交易增值了，成為資本。後者卻在價值上沒有任何改變，只不過是一筆生活費用。後者的問題在於，他的錢因為要滿足基本的生活需求，很難由生活費轉變成資本，更沒有資本意識和經營資本的能力與技巧。所以，後者就只能一直貧窮下去。

跟朋友告別後，我一直在回想朋友所說的這個例子。如果有錢並不能等同於資本，那麼究竟什麼才叫作真正意義上的資本呢？

1. 什麼是資本

在通往財務自由之路上，資本是一個我們永遠繞不開的話題。

在經濟學領域，資本是指用於生產的基本生產要素，包含資金及廠房、設備、材料等物質資源。其目的是完成資本→生產→資本＋剩餘價值的過程，從而獲得利潤。在金融學和會計領域，資本通常用來代表金融財富，特別是用於經營商業、興辦企業的金融資產。

無論從哪一個角度來予以定義，資本總是離不開錢，並且主要還是由錢組成的。那一堆錢能算是資本嗎？當然不能，最多叫資金。

用有錢人的思維賺錢
最輕鬆的投資入門，甩開定存的吃土人生

　　正如高樓大廈主要是用磚頭建造的，但，一堆磚頭擺在那兒肯定算不上是高樓大廈。同樣的道理，資本的確主要由錢構成，但，僅僅是一堆錢放在那兒，肯定也算不上是資本。這個特別精確的類比，非常生動地說明：錢和資本實際上是很不一樣的東西，正如一堆磚頭和一棟高樓大廈肯定不是一回事兒一樣。所以，有錢和有資本，完全是截然不同的兩回事兒。

　　羅伯特清崎也在《富爸爸窮爸爸》系列書籍中，反覆強調一個概念：金錢並不能使你富裕。這讓很多人困惑不解：富人不就是有錢人嗎，為什麼說金錢不能讓你富裕呢？

　　每個人、每個家庭的生活各方面都是需要花錢的，甚至你什麼事都不做，你的錢依然會逐漸變少，因為通貨膨脹正在慢慢「吞噬」你的錢。

　　如果沒有更多的收入來源，那麼即使是坐擁金山銀山，也是會被通貨膨脹消耗殆盡的。所以，羅伯特清崎給出了另一個答案，那就是──被動性收入。而能給你帶來被動收入的東西，如房地產、專利、版稅或者其他任何投資標的，就是資本。

2. 三個基本要素

　　資金和資本的區別，就是一堆磚頭和一棟大廈的區別，雖然大廈肯定主要是由磚頭堆砌而成，但一堆磚頭肯定不是大廈。這其中還需要其他因素的參與，如鋼筋、水泥、混凝土等。

第一章　財富，其實是一種思想
二、有錢也不一定有資本

李笑來在《通往財富自由之路》一書中曾說，錢本身最多稱為資金，但要想成為有效的賺錢的資本，還必須具備三個基本要素：

第一，資金大小。

第二，資金使用時間。

第三，資金背後的智慧。

我們先來看看資本的第一個要素。

大多數人一直沒有開始投資的主要原因，恐怕就是認為：自己沒有足夠多的錢。

1000元和10萬元都是指資金的額度，究竟哪個可以作為資本呢？在今天，1000元因為金額太小了，也許不能夠成為資本。那麼10萬元呢？也許是資本，也許不是。那麼1000萬元、1億元呢？這個金額足夠大了，總可以被當作資本了吧？實際上如果投資一個大型的水力發電廠專案，1億元是遠遠不夠的，動輒數十億、上百億元。因此，如果單純說資金金額本身，是不能界定其算不算資本的，主要看這筆錢的用途。

事實上，現在只要手上有點閒錢，哪怕只有1萬元，也會有人拿來進行投資理財，如放在銀行定存裡——因為定存的利息比活期存款高。

也許有人會質疑，這種簡單的存錢怎麼能叫真正的投資呢？那就以投資股票為例吧，現在去證券公司開戶存入資金買進賣出極其方便，投資並不需要很大的資金量，金額也根本不是投資的最核

用有錢人的思維賺錢
最輕鬆的投資入門，甩開定存的吃土人生

心要素。

資本的第二個要素更為重要：你能使用這個資金的時間。

假設你現在銀行帳戶上儲存有 500 萬元的資金，能夠使用這個金額的資金多長時間呢？一筆資金，使用 1 個月、1 年、10 年或 20 年，其價值和意義都是不一樣的，最後的收益也是有天壤之別的。

萬科有個傳奇股東，叫劉元生。1988 年，劉元生以 360 萬元購入 360 萬股萬科股票，以 2016 年 6 月 27 日萬科的總市值 2697 億元新台幣計算，劉元生的萬科資產帳面財富約為 27 億元新台幣──28 年，股票價值翻了 750 倍！

這個事例中，最關鍵的並不是 27 億元，也不是 750 倍。試想一下，1980 年代這麼大筆金額是絕大多數人不可能擁有的資本。而且，這筆錢從來就沒有挪作他用，一動不動地放了 28 年，這才算得上資本。

所以，真正意義上的資本是可以將資金「判一個無期徒刑」的，資金時間也是資本的一個主要因素。

以股市為例，大部分人投入股市裡的錢，很難做到「到死都可以無須挪用」，甚至不乏借錢炒股。這種錢進入股市後，投資者的情緒會隨著大盤跌宕起伏、上下波動，稍有風吹草動即頻繁買進賣出，最後的結果就是成為被無情割掉的散戶。

股神巴菲特的老搭檔查理孟格曾經說：如果你想獲得想要的東西，那就得讓自己配得上它，信任、成功和欽佩都是靠努力與智慧

第一章　財富，其實是一種思想
二、有錢也不一定有資本

獲得的。

這其實也就是關於資本最為重要的第三個要素：資金背後的智慧。

它指的是對金錢的認知。因為賺錢從來都不是一件容易的事情。資金在不同人的手裡所產生的價值是不一樣的。例如，同樣是 1000 萬元的資金，讓你、我、馬雲、雷軍分別拿去做第一次投資──不用猜，收益率最高的絕不是你和我，馬雲、雷軍肯定會一騎絕塵。所以，隱藏在資金背後的智慧，遠比資金構成有效資本的前兩個要素更加重要。

你不得不承認一個殘酷的事實：大多數人根本不配站在資本之後。

3. 突破認知框架

投資理財這條路雖然並不容易，但好在理念、知識和技巧等確實是可以通過後天不懈努力學習和累積的。

興趣是最好的老師。對財富的強烈渴望，對賺錢充滿激情，才是一個人願意去賺錢的最大動力。而且在賺錢過程中享受到樂趣和成就感，他才有可能將錢轉變成「資本」。同時，持續不斷地學習和累積資本意識，以及經營資本的經驗與技巧，才能獲得最後的成功。

實際上，一個窮人要變成有錢人，最大的困難是最初幾年。有一則財富定律：對於白手起家的人來說，如果賺取第一個 100 萬元需要花費 10 年時間，那麼從 100 萬元到 1000 萬元，也許只需要 5 年，再從 1000 萬元到 1 億元，則可能只需要 3 年。

用有錢人的思維賺錢
最輕鬆的投資入門，甩開定存的吃土人生

這個定律告訴我們：已經具有的豐富經驗和充足資金，就像行駛在高速公路上，速度已經很快了，只需要輕輕踩下油門，車就會疾馳如飛。

窮人不僅沒有資本，更大的關鍵問題在於沒有資本意識，沒有經營資本的經驗和技術。如果窮人沒辦法把錢轉變成資本，也就只能一直窮下去。

別灰心！我想鄭重告訴你的是：人與人之間在智商上的差距，遠沒有想像中那麼大，一件事他能做，你也可以，無非是實現的程度深淺不一樣而已。1 萬小時定律即是最好的註解。

坦率地說，在任何時候，窮人都是社會的弱勢群體，很少能夠掌握主動權，很多時候連自己也身不由己，更別說試圖去影響別人。窮人做投資，缺乏的不僅僅是錢，還包括思想的智慧。

(1) 第一個需要突破的維度──投資的重點不是金額這是絕大多數人止步不前的認知陷阱。

「種一棵樹最好的時間是 10 年前，其次是現在」。

改變就在當下，沒有任何人可以代替你累積資金和經驗。也不是很多人幻想的那樣，到了某個階段，自然而然地就獲得了某種「神奇的力量」，突然一夜之間實現財務自由了。

在這種認知背景下，很多人說「反正我沒有多少錢」，從而認為投資理財這件事和自己沒有半點關係。他們有這種看法，主要是太過關注盈虧絕對值，而不是盈虧比例。例如，他們認為投資就是把 100

第一章　財富，其實是一種思想
二、有錢也不一定有資本

萬元變成 200 萬元，而 1000 元變成 2000 元，則只是賺了點零用錢。

所以，他們的推論是：先得有 100 萬元，才能投資啊。其實，這兩個投資在回報率上來說，是一模一樣的。

把焦點放在盈虧比例（相對值）上，而不是本金或盈虧金額（絕對值）上，是 90% 以上的投資者終生都沒能學會的東西。

這很容易就讓人想到剛入股市時，大多數人都天然喜歡買入價格低的股票，原因在於它們看起來便宜。面對收益潛力再高的股票，只要看一眼價格，便會望而卻步。這樣的思考方式，讓人很容易買入大量的「垃圾股」。

從這個意義上來說，很多人都錯過了大量的投資機會。

(2) 第二個需要突破的維度——給自己的投資款「判上無期徒刑」這也是最受人質疑的。

有人曾經做過調查，2/3 以上的人若丟失自己年收入的 10%，1/2 以上的人若丟失自己年收入的 20%，其實根本不會影響生活品質，只是大多數人根本就沒有意識到這個事實而已。

打個比方，對於年收入 100 萬元的人，拿出 10 萬元做投資理財，並給這筆錢判上無期徒刑，相當長的時間內不挪作他用，其實很大機率上不會影響他的生活品質。

有時候一些年輕人聽完投資理財課之後，也開始累積本金，進行基金定期投資、買入股票等，然而往往過不了多長的時間，又會遇到很多突發事件，如親人生病、買房、買車等，把好不容易存起來的錢

用有錢人的思維賺錢
最輕鬆的投資入門，甩開定存的吃土人生

如數花掉了。

這種情況在股市裡極為常見。很多人買了股票之後，一天到晚都緊盯著 K 線，一旦股市上漲了，情緒興奮；一旦股市跌了，通宵失眠。為什麼如此焦慮？因為他們覺得，這些錢如果損失了，就會導致影響生活品質，甚至原本是打算能在半年內翻一倍，然後把收益拿出來換房換車。他們忽視了投資最忌諱的，就是過於短暫的投資週期，以及由此導致的患得患失。投資不是賭博，無論輸贏都講求即時效應。所以，他們很困惑，到底應該如何進行下去。

巴菲特說：沒有任何方法去準確預測市場的波動，因此投資者需要做好持有五年以上的準備。

那麼到底多少錢，才能心平氣和地為它判無期徒刑呢？標準很簡單，就算全部損失掉，也不會影響到你的家庭的正常生活品質。另一方面，這也杜絕了借錢投資這種高風險行為。

時間，是投資最好的朋友，足夠長的投資週期才有可能享受「滾雪球」的複利效應。

實際上，能夠擁有一大筆錢而幾乎從不動用的人，其實已經擁有足夠的智慧和實力站在資本背後，終有一天可能成為出類拔萃的投資者。即使起步較晚，一旦有了這種意識，他就為自己的投資能力打下了堅實的基礎。

從某種意義上講，第二個認知突破至關重要，因為第三個突破幾乎是與第二個突破同時發生的。

第一章　財富，其實是一種思想
二、有錢也不一定有資本

(3) 第三個需要突破的認知——實踐出真知。

關於投資背後的智慧，「紙上得來終覺淺」，就像這本書，也只是從理論上幫助你梳理脈絡，進行邏輯推理和觀念升級。但個人的經驗、思考和智慧，都只能從實戰中獲得的。

就像任何運動員一樣，不管是什麼類型的運動項目，都無一例外需要「力量訓練」，任誰也無法速成，這會是一個漫長的過程。

正因為如此，第二條中「判無期徒刑」的資金就發揮作用了，這筆錢是你不會挪用的，甚至是你輸得起的「學費」，最後若通過這次投資能夠提升你的投資能力，那也是值得的。

如果你真的能做到觀念升級，你會發現這三個認知的突破並非不可逾越，甚至發現投資賺錢並不是高深莫測的事情。

在通往財務自由之路上，沒有任何捷徑可走，唯一的辦法，就是努力學習和累積。但在投資理財之前，要先明白自己的資本到底是什麼，有了這些，才能慢慢走上一條正確的道路。這條路雖然慢，但總會到達。

用有錢人的思維賺錢
最輕鬆的投資入門，甩開定存的吃土人生

三、你所擁有的最寶貴的資產

一提到資產，絕大多數人能直接想到的概念肯定是「金錢」，善於思考的人會說最珍貴的資產是健康、家庭、親情，而更偏重於理性的人則會說是時間。魯迅說：「我把別人喝咖啡的時間都用來寫作了。」時間對每個人來說都是客觀公平的，你珍惜它，它就是財富，你忽略它，它便一錢不值，當然你也就一事無成。

一個人之所以能成功，是因為他會在 24 小時內做跟大多數人不一樣的事情。

如果我們想要取得成功，就必須注重時間管理，提高做事效率。而隱藏在時間背後的，就是一個可能原本不在自己的操作系統裡的概念——注意力。

你可能沒有從這個角度想過問題，所以才會無所謂。

從財富認知的邏輯來說，健康是一種狀態，只有當這個狀態被打破時，才會導致損失，但它本身沒有任何產出；金錢儘管可以用來交換很多東西，但它不是最重要的，因為它可以再生；時間不受我們控制，也無法儲存，我們只能試著跟它做朋友，利用它賺錢。

1. 被收割的注意力

「注意力」這個概念最早誕生於心理學科，所以，「注意力經濟」（the ecnomy of attention）這一說法最早是由一位名叫桑蓋特（W．

第一章　財富，其實是一種思想
三、你所擁有的最寶貴的資產

Thorgate）的心理學家於 1990 年提出來的。

以網路為例，它在還沒有被大規模普及的時候並不能實現盈利，因為它不具備傳統商業的「客流」和「金流」，所以網路在剛開始都是免費使用的，那時幾乎只有一種商業模式——吸引人的注意力。

簡單地說，如今的「部落客」、「網紅」和 Youtuber 這些都是注意力經濟的產物。他們通過提供各種新鮮有趣的內容，以吸引用戶的關注，把流量提升之後，就開始販賣廣告——本質上是把大量用戶的注意力集中起來，然後打包賣給廣告主。

當然，除了廣告，「部落客」、「網紅」們也可以賣書、賣衣服、賣化妝品等，也能賺得盆滿鉢滿。可是，這些「部落客」、「網紅」們利用了你最珍貴的東西——注意力，自己卻享受了全部的紅利。

所以，注意力並非不值錢而可以拿來濫用。起碼這個世界的商業模式之一在清楚地告訴你：雖然單一個人的注意力可能很不值錢，但若能大量吸引單一個人的注意力，就有可能賣出一個不錯的價錢。

那些被遊戲、通訊軟體、電視劇收割的注意力，就是由很多個體主動放棄的注意力構成的。如果連這樣的注意力都能賣出好價錢，那麼主動有效調配且最終能有所產出的注意力該多麼值錢？

在某種意義上，我們一切的價值，都是我們注意力的產出物。更為關鍵的是，一個人的注意力，很可能是唯一能夠稱得上「與生俱來」的有產出能力的資源。

如何使用注意力，其實是我們自己的選擇。當我們任由自己最重

用有錢人的思維賺錢
最輕鬆的投資入門，甩開定存的吃土人生

要和寶貴的資產一點點地流失掉，我們還能期待成功？別開玩笑了。

2. 人生三大坑

注意力是我們能夠隨時調用且有所產出的資源。把注意力集中在學習上，就會學有所成；把注意力集中在思考上，思維能力就會昇華。

注意力集中在哪裡，哪裡就會開花結果。

能夠長時間集中注意力，它的產出比更高，效率也更高。這是幾乎所有學習能力強的人的必備能力。

仔細觀察一下身邊的成功者，你就會發現他們往往都能夠很快集中注意力，而且可以長時間保持。在他們看來：他們能夠做出諸多明智的決定，並不是因為自己聰明，而是在這件事情上投入了很多時間和精力。也就是說，為了表面上看起來聰明：

第一，他們為了解決問題花了大量時間。

第二，在單位時間內，他們的注意力運用效率更高。

通過持續投入時間和注意力，最後才產生了好的結果。

相信大家都有過這樣的經歷：原本打算安靜地看一會兒書，結果不到 10 分鐘就忍不住想看手機，總想著是不是有人發訊息給自己，是不是有人新發了什麼動態。注意力就這樣被分散了，切割成一小段一小段的碎片，而且能夠集中的時間越來越短。

現實生活中，干擾注意力的因素還有很多。李笑來老師經過多年的觀察，曾經總結了一個概念，稱為「人生三大坑」。

第一章　財富，其實是一種思想
三、你所擁有的最寶貴的資產

(1) 湊熱鬧

走在大街上，經常可以看到很多人圍在一起議論紛紛，而且往往聚集的人越來越多，後來者禁不住好奇心伸頭探腦，想要知道究竟發生了什麼，使勁兒往裡擠。可關鍵在於，這些事情往往跟自己沒有半點關係，說不定就是一隻老鼠過街被疾馳的汽車壓過了，為什麼要去湊這個熱鬧呢？

在網路時代，大家上街的慾望和時間越來越少，喜歡宅在家裡偏安一隅，於是改為上網圍觀。網上熱鬧的事情更多，圍觀的人毫不費力地就能裹挾其中，種種八卦談資像是給貧乏的生活抹上了一點蜜，刺激而有意思。

環視我們身邊的很多人，沒什麼正事兒可做，閒得要命，即使不湊熱鬧，也會選擇使用通訊軟體、看直播——時間都被浪費在莫名其妙的湊熱鬧上了。

(2) 隨波逐流

雷軍曾說，在風口上，豬都能夠飛起來。

似乎一夜時間，很多「風口」應運而生，如 AR（實境擴增）、VR（虛擬實境）、O2O（線上到線下）、共享經濟以及人工智慧等項目。有點理論功底的人把這些風向叫作「趨勢」。

毫不誇張地說，無論在產品製造、商業模式上，我們的模仿能力都堪稱一流，而且速度驚人，所以一旦有什麼東西紅了，瞬間就會有一大批人蜂擁而至，心急火燎地參與其中。

用有錢人的思維賺錢
最輕鬆的投資入門，甩開定存的吃土人生

例如，有人考研究所，大家都去考研究所；有人開 Urber，大家都去開 Urber；有人開始創業，大家都去創業，結果虧得一塌糊塗，省吃儉用累積起來的本錢都打水漂了，搞不好還要欠一屁股債。

我有個很好的朋友當年學電腦工程純粹是因為熱門，結果畢業進了 IT 行業，天天加班，動輒到處出差，忙得昏天暗地。最關鍵的是，自己對這個行業完全沒有興趣，做得辛苦而難受，不知道還能堅持到什麼時候。這樣的人生像是一個惡性循環，打造出的個是木然而無趣的職場人，每天感慨著「生活無趣」，消磨時間與人生。

可怕的是，我們一旦進入這個循環，就好像被馴化了，習慣了這種思考方式，以至於很多年之後，我們也沒有從「坑」裡爬出來，不會做一個自己想做的人，反而習慣做一個「跟別人差不多的人」。

實際上，在任何一個大趨勢出現的時候，一定有一批人早就準備好了（雖然不一定是特意準備的）。那些趨勢、那些機會，並不屬於那些心急火燎的人，因為他們平日裡從無累積。

去瞭解世界，多想想：我的興趣是什麼，以後想做什麼，學什麼，從事什麼工作你得做自己，最終才能抵達目的地。

(3) 瞎操心

替別人操心，其實是一種病。

例子很多，如一個在街上炸油條賣豆漿的大哥，每次都跟顧客高談闊論，那滔滔不絕的架勢，著實像極了一個國際觀察員。其實，這位大哥完全可以把時間節省下來，把自己的精明放在研究如何深度發

第一章　財富，其實是一種思想
三、你所擁有的最寶貴的資產

展自己的油條事業上，如擴張規模做早餐連鎖店，或許更好。

說到底，操心是一種病。因為，操心本來就沒有什麼用。俗話說：鹹吃蘿蔔淡操心。這句話說得極有道理。所以，還是少為別人去操心，好好想想自己怎麼過吧。

就像我們從小跌跌撞撞地學走路，總會不斷地摔倒，然後爬起來繼續前進。在成長的過程中，也會有無數的「坑」在等著我們掉下去，要嘛困在「坑」裡束手待斃，要嘛想方設法爬出來。重新審視一下自己，你是不是還在「坑」裡無動於衷？若你竟然爬出來了，那就回過頭去看看，是不是還有許多人依然在坑裡「幸福地活著」？

3. 注意力 > 時間 > 金錢

如果說注意力是一把鋒利無比的鐵鍬的話，你若期待有所產出，那就要看把它用在什麼地方了。例如，把它用在煤礦裡，它就能挖出煤來；把它用在金礦裡，它就能挖出金子來。但如果你把注意力放到根本不產出任何價值的地方，那就慘了——你最寶貴的資產被消耗了，卻一點收穫都沒有。

實際上，每個人都擁有三種財富（或資產）：注意力、時間、金錢。

當我們都處於起跑線上的時候，除非你能夠從父輩那裡繼承一大筆錢，否則所擁有的金錢可能不會很多，也無法輕而易舉地賺到很多的錢。這是絕大多數人必須面對的現實。所以除了錢，在時間和注意

用有錢人的思維賺錢
最輕鬆的投資入門，甩開定存的吃土人生

力兩個方面，所有人都是一樣的，每天 24 個小時，這跟遺傳、繼承沒有任何關係。

但現實是，人與人之間的差距如此之大。所以最關鍵的問題在於，一個成功的人，他會在同樣的時間裡跟大多數人做不一樣的事情。

從價值上來看：

注意力 > 時間 > 金錢

凡是能用錢買來的時間就是便宜的，凡是能用時間換來的注意力持續就是有價值的。《西遊記》中，唐僧腦子裡就一個信念或一件事——去西天取經，無論遇到多麼大的苦難挫折，他都能集中注意力，堅持不懈，所以他成功了。用雷軍的話說，那就是：專注、極致、慢。

(1) 分配和管理注意力

時間不絕對受你的支配，但注意力卻不一樣——愛怎麼用就怎麼用，理論上不受他人控制。所以，時間管理其實是一個偽命題，本質上是對注意力的分配和管理。注意力就像能夠升值的鈔票，你把它投資在什麼地方，它就會在什麼地方生根發芽並有所產出。如果你不懂得管理和分配自己的注意力，就像不懂得管理和分配自己口袋裡的金錢一樣。

再從現實成本角度來看。買一個東西或服務是多花錢划算還是多花時間划算，最理智的考量就是把時間換算成金額，和金錢相比，看

第一章　財富，其實是一種思想
三、你所擁有的最寶貴的資產

哪個更貴。

例如，有人曾經就是在家裡做飯好還是叫速食好算過一筆帳。自己做飯的話，從去買食材到回來炒菜做飯，需要多少時間？2個小時？你在工作中2個小時的收入是多少？如果2個小時的收入＞速食的價格，理智選擇就是吃速食，反之就選擇在家做飯。

換一種角度，從投資的視野來看，也就是從增量的角度，假設2小時收入＝速食價格，在這種情況下自己做飯和吃速食所付出的成本是一樣的。選擇自己做飯最後的收益為零，而選擇吃速食相對於自己做飯就是負收益。

兩者相減，這多花的錢買的就是自己的時間，但如果我們把這些時間用在未來能增值的學習和個人成長上，那未來的時間價值＞當下價值，最後推導的結果就是時間＞金錢。

上述邏輯有個前提，只有把時間投資在能使自己成長提升的正收益上才會時間＞金錢，而如果做一些消磨時間的事情，如對未來無益的遊戲、閒聊等，那麼未來的時間＝當下的時間，未來是沒有增值空間的。

所以，注意力是時間投資的錨點，你把注意力放在哪裡，時間就會在哪裡逐漸累積，注意力越是集中在對個人成長或是未來有益的地方，未來的時間價值就越會放大，呈現出正相關的邏輯。因此，時間是依附於注意力而存在的，推導結果就是注意力＞時間。

用有錢人的思維賺錢
最輕鬆的投資入門，甩開定存的吃土人生

(2) 從解決拖延症開始

準確地說，我們每個人幾乎都有拖延症，這個背後是因為我們的注意力不夠集中，或者被濫用了，從而導致諸多「未解決事項」堆積如山，最後束手無策。怎麼辦？請拿出一張紙，把每一天的注意力都花費在什麼地方寫下來。記住，不是記下你的時間花費流水帳，而是注意力資源的花費。這可是兩種截然不同的思考和解決問題的方法。

每個人心裡可能都有一份模擬清單，寫著各種我們需要在不同階段完成的事情。有的事情還沒開始做，有的事情開始做了但並未完成。

那麼如何集中注意力，有效率地完成目標？其中有一個需要處理的棘手問題，叫作「未完成事項」。它就列在我們需要完成的清單裡，其實也是我們真正做好注意力優化配置的起點。

首先，列出「未完成事項」碎片清單。花 10 分鐘時間認真梳理一下，把所有未完成的事情羅列出來。其次，把「未完成事項」排序。用符號標註出那些你最在意或者最急需處理的事情，占用你最多注意力的事情，讓你感覺最無力的事情，哪些未完成的策劃、項目、專案、計劃帶給你最多的困擾。列出一個新的清單，按照重要性排序。最後，按照二八法則立即行動。在經過整理排序後的清單裡，選擇排在最前面的兩個事項開始行動。充分利用二八法則，將主要精力花費在最有價值的事情上。即使碎片清單上羅列的事情再多，在最近的一個時間段內往往也只有一件或者兩件事情需要占用你最多注意

第一章　財富，其實是一種思想
三、你所擁有的最寶貴的資產

力。那麼，不要再猶豫不決了，立即安排時間去把這一兩個事項解決掉，在此期間，其他任何事情都視若無睹，別讓自己分散注意力。

另外，如果你覺得某一件事情自己確實沒辦法完成，那就將它從清單中刪除，從心底放下它。就像戀愛中的分手，既然已經放棄就絕不要再牽腸掛肚，這些過去的事情並不值得占用你比金錢、時間更重要的注意力。

經濟學家陳雲說：「未來30年誰把握了注意力，誰將掌控未來的財富。」閒置的是你的注意力，但荒廢的是你的成長，所以我們一定要把注意力放在個人成長上，不要把大量的注意力廉價甚至免費賣掉。不珍惜自己注意力的人，注定是貧窮的，因為他們終身都將被無情收割，不可能有真正有價值的產出，怎麼可能最終變得富有呢？

用有錢人的思維賺錢
最輕鬆的投資入門，甩開定存的吃土人生

第二章
通往财富自由之路

用有錢人的思維賺錢
最輕鬆的投資入門，甩開定存的吃土人生

　　錢是個好東西，金錢換來的東西，有時候真能夠撫慰人心。我們賺錢，未必是因為錢能帶來享受或是炫耀的資本，而僅僅是需要它來終結內心那一份倉皇的顛沛流離。

　　　　金錢不會聽命於配不上它的大腦。

　　　　　　　　　　　　　　　　　——艾茵蘭德

　　要瞭解一件事，首先我們需要瞭解其概念。那麼，「財富自由」的概念到底是什麼呢？或者說，我們應該如何定義「財富自由」呢？

　　維基百科是這樣定義的：財富自由，是指你無須為生活開銷而努力為錢工作的狀態。也就是說，你的收入等於或者大於你的日常開支。

　　查理孟格說，如果我知道自己將來會死在哪裡，那我永遠不會去那個地方。這種逆向思維告訴我們，渴望實現擁有更多選擇權利的財富自由，那麼我們首先應該知道，這麼多年以來，我們為什麼沒有成為一個有錢人？

第二章　通往財富自由之路
一、那些年，阻擋你有錢的迷思

一、那些年，阻擋你有錢的迷思

1. 被困在永恆的當下

沉湎過往、囿於當下，是一劑溫柔的毒藥。

我在中學時候有個同學 W 是一個胖子，175 公分的身高，80 多公斤的體重，大家背地裡給他取了一個綽號——肥豬。很多年後，在一個酒店偶然相遇，我差點認出他來。

當時正值夏天，W 穿了一件簡單的黃色 T 恤，一條緊身的牛仔褲，衣服將他的身體線條展現出來，幾乎沒有肚腩，以前圓乎乎的胖臉也變得線條清晰、輪廓分明。他看出了我掩飾不住的詫異，得意地說：「一個人連自己的身體都控制不了，怎麼可能有能力控制自己的人生？」

W 說以前也經常發誓要減肥，但總是堅持不了多久就放棄了，然後再反彈。誰都知道躺在沙發上吃零食喝啤酒看電視舒服，誰都知道那些散發著香味的美食比素淡的減肥餐好吃，沒有經歷過健身減肥的人不會明白那個過程是多麼漫長，需要多強的耐力和執行力。

我自己就是一個長期堅持鍛煉的人，所以對他那天說的話深有體會。健身是一條不舒適的路，相比風雨無阻去健身房報到，待在家裡隨心所欲該吃吃該喝喝容易得多，但當舒適成為一種習慣，再試圖推倒重來會更加困難，試著不讓身體處於舒適的狀態，也許你會發現離

用有錢人的思維賺錢
最輕鬆的投資入門，甩開定存的吃土人生

開舒適區並沒有想像中那麼艱難。

但我們總是害怕下決定，尤其是那些挑戰熟悉感的決定。我們就等於被困在永恆的當下。人要被逼到什麼程度，才會願意連根拔起，放棄過去那個最習慣的方式？也許是真的走投無路，或者徹底失望，一切都到了無可挽留的地步。

挑戰自己的舒適感，說起來容易做起來難。可悲的是，挑戰失敗了，軟弱的我們還總會產生一種變態的感慨：唉，最終還是維持原樣了，我不是故意的，但這樣真的很舒服。

這裡面藏著人性最深的軟弱。

在這種糾結纏繞的矛盾中，我們很容易變成自己討厭的人：輕易許下承諾，卻難以兌現。每天在通訊軟體、社群網站上叫嚷著要節食、減肥、運動，但從沒成功過。

除了懶惰，大概還有憂慮，害怕脫離常規的不安全感。所以，大部分的人終究是平庸的。

2. 沒有100%的安全感

現在的生活，就是你所選擇的結果。

大多數人，包括曾經的我，活在當下的舒適區泡沫裡，未曾想過平靜的生活表象下暗潮湧動、一觸即發。這是一種非常危險的狀態，越是歲月靜好，生活的暴擊可能將你摧毀得越徹底，如一些突如其來的意外、重大疾病。

第二章　通往財富自由之路
一、那些年，阻擋你有錢的迷思

一個朋友曾經在國內一家知名的網路公司任職市場總監，擁有10多年的銷售、市場推廣經驗，堪稱行業專家。他為公司的發展做出了非常大的努力和貢獻，受到老闆器重，同事尊敬，下屬崇拜。當然，收入也頗為豐厚。

2014年年中，他買了一輛BMWX5、一套200多平方公尺的大房子，妻子全職在家照顧3歲多的孩子，每月還貸20萬多元毫無壓力，生活過得平靜而美好。他以為，他會一直這樣輕鬆快樂地生活下去。

然而也就是短短的3年多時間，景象驟變。在2018年年底網路公司的大規模裁員潮中，他被裁撤了。他在電話裡告訴我：他已經失業5個多月了，雖然也硬著頭皮到處去面試，但是自己人到中年，能力也到達了一個瓶頸，大公司不會給他高職位，小公司待遇可憐、前景堪憂。他說，很後悔當初仗著自己的經驗優勢，不思改變，沒有為未來做考慮。

他是一個心高氣傲的人。但如今，孩子要上幼兒園，妻子還懷上二胎，年邁的父親也經常生病住院。這一切都需要錢，上個月的車貸已經欠繳了。原本看似平靜的幸福生活，沒想到頃刻間全部坍塌，讓他措手不及。

這樣的事情不是少數，很多看似風光無限的中產階層，在遭遇危機的時候，毫無還手之力。我們也都經歷過這樣的階段，當一個人被現實中的一些剛性需求捆綁時，是沒有能力想得長遠的。

當然，很多事情不是想一下就能懂的，也不是自以為懂了就真的

用有錢人的思維賺錢
最輕鬆的投資入門，甩開定存的吃土人生

懂了。全面、深入的思考是特別困難的事情，因為當注意力投入不夠的時候，就做不到全面、深入的思考。

當我們躺在舒適區裡心安理得，並以此推斷未來生活的願景，很容易就被眼前暫時的安全假象所蒙蔽。換一句話說，就極可能被困在永恆的當下了。

幾乎所有的進步，都是在放棄部分安全感的情況下才有可能獲得的。

財經作家吳曉波寫過一本書，叫作《激盪三十年》，其中寫過很多鮮活的例子，這些例子無比殘酷地證實，「追求 100% 的安全感」將一批又一批甚至一代又一代人的生活變得「生不如死」：處心積慮地弄到「鐵飯碗」卻最終不得不下崗的，不惜借用兩三代人省吃儉用的積蓄和貸款買房而成為「房奴」的，害怕不穩定所以待在體制內卻終生抑鬱不得志的太普遍了。

但實際上，幾乎所有自認為缺乏安全感的人，都是在追求 100% 的安全感。

所以，投資大師李笑來說：

追求 100% 的安全感，肯定會把自己困在永恆的當下。

我們必須放棄一部分安全感，才能長期、深入地觀察和思考。

實際上，安全感的真正來源不是錢，而是賺錢的能力。前者永遠是充滿不確定因素的，從來不會始終如一地跟隨固定的主人；後者卻是完全屬於自己的，存在於自己的思維和認知裡，沒有人能夠輕

第二章　通往財富自由之路
一、那些年，阻擋你有錢的迷思

易拿走。

　　如果我們不放棄一部分安全感，不對自己狠一點，生活就一定會對我們痛下殺手。

　　丹尼爾平克曾說：「今天我們如果不生活在未來，那麼，未來我們將生活在過去。」

　　我始終相信，這個世界一定屬於活在未來的人。居安思危，無論發生什麼，都不至於手忙腳亂；放棄一部分安全感，不斷進階，才是人生唯一可靠的策略。

用有錢人的思維賺錢
最輕鬆的投資入門，甩開定存的吃土人生

二、財富，是認知的變現

任何財富的獲得，都不會是輕而易舉的事情。

如果沒有與之匹配的能力，即使短暫地獲得了大筆的金錢，最終也會以不同的方式失去。

1. 認知，是賺錢的前提

先來看一則故事：

一個窮人每天都向神靈禱告說，富人只是運氣好罷了，如果神靈讓他跟富人的起點一樣，他也可以成為有錢人。

於是，神靈滿足了他的要求，把一位富人變得跟他一樣一貧如洗，然後賜予他們各自一座一模一樣的礦山，讓他們自謀生路，神靈一年後再來看結果。

第一天，窮人和富人都揮汗如雨地勞作了一整天，最後把挖出來的礦賣了 100 元。窮人立即拿著這筆錢去大吃大喝了一頓，而富人則只花了 10 元買了兩個饅頭填飽肚子，用剩下的錢又買了一套開採工具。

第二天，窮人依然揮汗如雨地挖了 100 元的礦，用這筆錢給家裡添置了一些物品。而富人以 100 元一天的價格雇用了兩個人幫他工作，最後挖了 200 元的礦，富人什麼都沒做就賺了 100 元，又買了一套工具。

第二章　通往財富自由之路
二、財富，是認知的變現

第三天、第四天、第五天窮人每天都把賺到的錢花掉，零碎地存了一點小錢，所以他依然很窮。而富人的礦山則熱火朝天，他每天都能有大筆的金錢入帳，已經在盤算著買下第二座礦山，繼續擴大規模。

一年以後，窮人依然是窮人，而被神靈剝奪了財富的富人，再次變成跟此前一樣的有錢人。

在一定程度上，貧窮與富有和運氣的關係並不大，賺錢的思維方式才是最關鍵的差異所在。

賺錢，從來都不是一件容易的事情。就像上述故事裡的富人，起步之初，不得不咬牙忍耐，度過一段清貧而難熬的日子。但是，只要堅持不懈，最後就能獲得豐厚的回報。而貪圖眼前的享樂，則是典型的「窮人思維」。踮著腳尖買豪車、換大房子，不停地消費，的確能夠滿足我們的炫耀心理，但隨之帶來的卻是危機和焦慮，最終導致財務壓力巨大，陷入惡性循環。

每個人都喜歡物質和享樂，但想要徹底擺脫窮困，就必須學會克制自己過分的慾望。既然選擇了固守「窮人思維」，那麼就不要總是抱怨收入少，手頭拮据，貧窮要從自身尋找原因。鍛煉自己的大腦，增強自己的競爭力，才是賺錢的唯一出路。

在我們大多數人的認知裡，對於事業成功的認知高度統一：努力學習，先考上一個所高中，再考上一所好大學，選擇一個好科系，找到一份高薪水的工作，拚命工作成為高階主管，從此衣食無憂，生活

用有錢人的思維賺錢
最輕鬆的投資入門，甩開定存的吃土人生

幸福。好像有點童話故事的意思？

等到畢業進入社會才發現，自己被灌輸了20多年的美好人生藍圖，卻和現實相距甚遠。

為什麼呢？簡單地講，傳統教育傳遞給學生的賺錢思路只是一種「假想」，好像考卷上的試題做對越多將來就越有錢，可事實是這和現實世界中財富的分配方式幾乎毫無關係。

你渴望成為的那種有錢人，並不是依靠技能就能獲取一份高薪酬的人。

準確地說，如果我們在某個行業裡有著高超的專業本領，從而獲取一份高薪，最終實現財務自由也並非不可能。但如果沒有優秀的先天條件和刻苦的後天努力，大多數人所能學習的技能，都並非不可替代到讓公司心甘情願為你支付一份遠超市場平均水準的薪酬。

一個人能夠擁有的財富多寡，在很大程度上由他的認知能力來決定。

這個論斷的含義是，如果財富不在一個人的認知和觀念中，那麼這個人賺錢極其困難。財富是不會自然增長的，如商品的高附加值，就來自隱藏在思想與才幹中的創造力。

任何試圖賺錢的人都應該明白，財富是認知能力的產物。說得抽象一些，我們追求財富的過程，實際上是認知與自然同步的過程。賺錢就是用頭腦中的認知理念去順應財富的自然之道，當兩者能夠統一的時候，財富就自然產生了。

第二章　通往財富自由之路
二、財富，是認知的變現

從這個意義上講，財富不是可以追求的產物，而是認知與財富同步化過程中的產品。同步的程度越高，持續的時間越長，賺取的財富就會越多。

2. 賺錢，是認知的變現

沒有產出的認知是沒有任何意義的。你不生產，就實際上什麼都沒有。例如，你能識字，能看書，卻什麼都做不出來，還有比這更失敗的嗎？

歸根究柢，賺錢就是有能力把認知予以變現。

我們所看見的東西，只以我們所理解和認知的方式而存在。例如，我們現在所處的境況，反應的就是我們的認知。

馬雲說，任何一次機會的到來，都必將經歷四個階段：「看不見」、「看不起」、「看不懂」、「來不及」，認知變現也是同樣的邏輯。

很多事情從0到1的過程是最困難的，認知變現有兩個關鍵環節，一是認知，二是變現，缺一不可。

認知是思想，變現是執行，知行合一方能賺大錢。

人們常說：世界上最恐怖的事情，莫過於它就發生在身邊，你卻對它一無所知。這跟投資界有句很出名的話異曲同工：

投資很難賺到你不相信的那份錢。

知道和相信之間有很大的距離，而真正的認知是相信，甚至信仰。

用有錢人的思維賺錢
最輕鬆的投資入門，甩開定存的吃土人生

不少人通過各種管道學習甚至深入研究了很多關於 Google、Facebook、蘋果、亞馬遜、阿里巴巴等明星公司的核心競爭力、商業模式、管理團隊等各方面的知識，都知道它們是行業裡的「獨角獸」。如果把這 5 個公司的股票做一個組合進行復盤，過去三年的平均年收益率也至少高達 30%。

這些現象說明了，行動網路對人們生活方式、商業模式的深刻改變，新生一代的消費習慣升級。這些因素我們大多數人都知道，但能真正從知道到相信，進一步轉化為可以投資的認知的人，則少之又少。

進一步講，事實上認知本身的作用不大，真正起作用的是「比別人更有高度的認知」或者「比別人更深刻的認知」，也就是「經過不斷升級的認知」。

那麼，怎麼實現認知的不斷升級？在行動中思考。

很多時候，單純的認知不僅價值不高，而且能量不足。「紙上談兵」說的就是這個現象。李笑來說，用行動刺激認知，用認知改良行動，才是最有效率的方法。在行動中產生的思考和認知，不僅累積多、品質高，而且都是從實踐中汲取到的，遠比在書本上學到的更有價值。你身邊誇誇其談最終卻一事無成的人還少嗎？

沒有行動中的思考，就沒有真正有價值的認知升級。沒有認知升級，就無法可持續性地賺錢，也根本不可能白手起家。

所以，認知升級才是硬道理。

第二章　通往財富自由之路
二、財富，是認知的變現

3. 建立自己的認知體系

如果你對自己如今的生活不滿意，是否想過改變呢？

絕大多數人會止步於「我沒有錢」、「我沒有關係」、「我沒有學歷和能力」、「我不懂投資理財」，甚至「我太忙了，沒有時間」、「我不知道怎麼做，從哪裡開始」。在這個五彩繽紛的世界，人們為了生存、生活不斷忙碌，希望自己有更好的物質條件、更多的時間自由，希望自己的家庭充實、美滿，希望自己能更加富裕、擁有更多選擇。

但現實是，有些人終日忙碌卻無法擺脫貧窮，這叫窮忙；有的人即使有了較高的收入也沒有時間自由和選擇權——這些都不是他們想要的。

然而，另外一些人卻靠修建自己的「管道」源源不斷地獲取財富。到底是什麼原因產生了這樣的差距？

先來讀一則故事：

有一個村莊嚴重缺水，為了解決這個問題，村裡決定對外招標，以使每天都有水，A和B接下了這份工作。A立刻行動起來，買了3輛箱式送水車，每天奔波於3公里以外的水庫和村莊之間，由於起早摸黑地工作，A很快賺到了錢。

B沒有依樣畫葫蘆，而是先做了一份詳細的商業計劃書，2個月後才帶著一筆投資和一個施工隊來到村莊，花了近1年的時間，B的施工隊修建了一條從村莊到水庫的大容量輸水管道。正式輸水前，B宣稱他的水比A的水更乾淨，還能夠24小時不間斷地為村民供給，

用有錢人的思維賺錢
最輕鬆的投資入門，甩開定存的吃土人生

同時價格比 A 便宜 20%。

理所當然地，村民們歡呼雀躍、奔走相告，立即從 B 的管道接上了水龍頭。B 並未止步於此，還向附近的村莊成功推銷了他的快速、大容量、低成本並且乾淨衛生的送水系統。這樣一來，儘管每噸水只賺 1 毛錢，但每天他都能賣出幾萬噸水。於是，B「躺著」就把錢給賺了。

由於缺乏自我規劃，絕大多數人都進入「提桶人 A」的隊列，他們選擇提桶汲水去獲得收入。但極少數人是「管道人 B」，他們明白修好一個管道的長遠利益，通過規劃來獲得成功。這個背後，其實是如何建立一套適合自己的賺錢的認知邏輯系統。

(1) 認知框架

什麼樣的認知最重要呢？框架。就像一本書必須有目錄一樣，框架是最重要的部分。掌握了框架，就能知道自己處在哪一個章節。

而認知的框架，則有兩個關鍵環節：

① 賺錢是為了什麼？增加資產，跨越階層。賺錢和財富只是手段，而幸福才是目的。

② 怎麼樣才能進階更快？任何人或機構最終的目的都是圍繞現金流進行增值和風險管控。如果我們手上的現金捉襟見肘，陷入財務困境只是遲早的問題。現金流是一個人的財務壁壘。

以上兩條，就是關乎賺錢的認知框架和大綱，是不是很簡單？

賺錢認知很簡單，但操作並不容易。對投資理財還沒有清晰概念

第二章　通往財富自由之路
二、財富，是認知的變現

的新手，可以圍繞上述認知框架，在未來獲取更多的實際操作技巧和經驗，從而建立屬於自己的賺錢和投資邏輯系統，通過打理自己的財務，實現被動收入，走上真正的賺錢之路。

(2) 系統建立

絕大多數新手都還處於上班族階段，如何建立「賺錢系統」，構建屬於自己的現金流管道？可以用一句話概括：8小時之內賺薪水，8小時之外靠投資。

它分為兩條線：

8小時之內的職場線。

8小時之外的投資線。

職場線是有截止時間的，因為你最多65歲就該退休了。所以最重要的是在對的時間節點做對的事情——時間是最重要的配置組合，也是投資最好的朋友。

對賺錢認知越早，並通過持續學習和實踐累積，就可能越早實現財務自由。

如果以年齡來定義的話，35歲對職場中人來說是一個重要的臨界點。35歲以前，可以把時間多分配在不同的點上，或者多做一些嘗試，因為時間成本低，適合做費時費力的事；35歲之後，則應該把時間用在將這些點連在一起，因為時間成本高，要逐漸把手裡的資源變現了。

職場中所賺的錢，是我們用時間、智力等進行交換的結果，只是

用有錢人的思維賺錢
最輕鬆的投資入門，甩開定存的吃土人生

滿足我們基本的生活必需，如果試圖賺更多的錢，早日實現財務自由，那麼 8 小時之外的投資線，則是打造賺錢系統並實現自己目標的關鍵工具。某種程度上，它決定了你將如何處理職場線的成果，以及如何將這些成果加速擴張。

打造投資線有以下幾個基本的原則。

第一，擴大賺錢系統。養成記帳、節儉、收支盈餘的習慣，把「想要」和「需要」區別開來，逐步提高薪水的結餘率，嘗試著進行一些投資理財，儘管預期收益率不高，但可以強迫自己，定期不斷地給這個賺錢的系統「加點水」。

時間是投資最好的朋友，一旦過了某個時間的拐點，「複利曲線」就會迅速上揚，錢就會像滾雪球一樣越滾越大。

第二，看重盈虧比例。投資線的重點不在於盈虧絕對值，而在於盈虧比例，也就是關注收益率。在同樣的投資環境裡，用 1 萬元作為本金盈利 50% 和用 10 萬元作為本金盈利 15%，前者的成績優於後者，或者說前者的資金效率高於後者。

千萬別忽視這個問題，這是很多人終身都沒能學會的東西，否則就不會有類似沒多少錢就沒必要投資理財的想法了。例如，你現在只有幾萬元可以用來投資，你也能把收益率做到 25%，儘管絕對收益不多，但當你有數十萬元、數百萬元的本金時，憑著 25% 收益率的經驗，每 3.2 年就可以翻一倍，可以讓賺錢系統跑得更快。

最可悲的是，終於攢夠了本金，卻沒有與之匹配的投資能力。

第二章　通往財富自由之路
二、財富，是認知的變現

　　第三，提高系統的穩定性。用於投資理財的錢，最好是長時間用不上的「餘錢」，可能的話以 5 年為一個週期。只有長期不挪用的錢，才真正算得上資產。幾乎所有的投資，都是中長期持有才能大幅盈利，也才能享受「複利效應」，如股市、指數基金等。

　　做好以上這三個原則，一個運行良好的賺錢系統就基本建成了。

　　在早期，職場線可以穩定且快速地累積本金，投資線將本金放大，讓這些錢高效地滾雪球，以錢生錢。

　　從另一個角度講，建立賺錢的認知系統，就是巧方法＋笨功夫。

　　巧方法是指理論基礎體系，做到高效聰明地整合資訊碎片形成完整認知；笨功夫，就是腳踏實地花時間、耗精力去學習，一點一點地去收集和累積，沒有任何捷徑可走。

　　80% 的人都被笨功夫這個階段淘汰掉了，基本失去賺大錢的入圍資格。剩下的又有 50% 被巧方法擋住了，原地打轉徘徊，甚至成為被「收割」的那一撥。

用有錢人的思維賺錢
最輕鬆的投資入門，甩開定存的吃土人生

三、財務自由的三個要素

2017 年，×××從高樓縱身跳下，拋下了兩個孩子、全職帶孩子的妻子，還有雙方的 4 位老人，結束了自己的生命。

這位名校畢業的碩士生，在兩家大公司先後工作了十幾年，靠著自己的努力勤奮，在深圳安家落戶，並過上了多數人羨慕的中產生活，足以證明其薪資收入還是蠻高的。

然而因為公司內部架構調整，人到中年的×××，毫無預兆地被辭退了，並且此前持有的期權，也沒有被以預估的價格回收。一番爭執之下，這個原本可以稱為「過得不錯」的中年人，最後卻選擇了跳樓作為給這個世界的回應。

在一般人看來，這些中產階層收入豐厚，生活條件也不差，小日子過得滋潤有趣。可是，當身後背負車貸、房貸、養育子女、贍養老人四座大山時，對於 40 歲不惑的中年人而言，生活其實挺苦。全部的薪水收入就等於他的整條命，用以支撐家庭的全部開銷。一旦失業，幾乎等同於切斷了所有的經濟來源，排山倒海的壓力撲面而來。

有人開玩笑說，世界上 90% 的麻煩都是缺錢造成的。那麼，我們究竟需要有多少錢才能避免這些大多數的麻煩，抵擋內心的忐忑和焦慮呢？換句話說，也就是我們實現財務自由的門檻有多高？

最新的報告認為，財務自由的門檻，是 29 億元。

嚇著了吧？別太放在心上，這種「刻舟求劍」式的數字，除了帶

第二章　通往財富自由之路
三、財務自由的三個要素

給我們更深的恐懼與焦慮外,並沒有什麼實際的指導意義。

真正的自由,是擁有對於金錢的掌控能力,花得出去,也能賺得回來。

在生活中,我們的收入類型可以分成兩類:主動收入和被動收入。它們將決定著生活方式、累積財富的方式,進而影響時間和財務自由。

主動收入:簡單理解就是,需要主動維持才會擁有和保持的收入,如薪水。我們要用自己的時間、精力、技能來換取金錢,生活中絕大部分的工作所產生的收入,都是主動收入。

被動收入:和主動收入不同,它不用依賴時間及精力去換取報酬,而是即使你沒有工作也能獲得的收入,如投資賺取收益、出書持續賺取版稅、投資企業賺取分紅、出租房屋賺取租金等。它通常是通過一個被動收入管道,或者說建立一個賺錢系統,不需要付出額外勞動就能賺取的錢,且是可持續的收入。

這兩種收入方式,並沒有好壞之分,因為每個人的生活方式和選擇不同。主動收入相對穩定、門檻低、風險低,但收入也較低;被動收入難度高,前期需要的投入較大,但收入持續,可加速實現財務自由。

按照常規理解,實現財務自由的一個最基本的標準,就是我們的被動收入剛好可以覆蓋日常生活的支出費用,也稱為「財務自由平衡」。因此要想實現財務自由,那就要在減少日常支出的同時,一直

用有錢人的思維賺錢
最輕鬆的投資入門,甩開定存的吃土人生

不斷努力地增加被動收入來實現。

有一個財務自由度公式:

財務自由度＝投資淨收益 / 總支出 ×100%

建議值:不小於 20%。隨著年齡的增長,我們需要不斷地調整提高這個比例。當這個比例達到 100% 以上時,恭喜你,你已經實現了真正的財務自由,可以不再為錢擔憂和焦慮了。

通過減少開支實現的財務自由的級別會比較低,生活水準和可支配收入也較低,只有被動收入越高,財務自由狀態才會越穩定,也更有能力實現你想做的事情和進一步累積財富。所以,規劃自己的工作和收入,對擁有人生選擇權和實現財務自由非常關鍵。

對於大多數人來說,最適合的方法,就是通過投資理財來獲取和提高被動收入。

1. 意識

有人說過一個有趣的觀點: 大學畢業前我們都缺了兩門課程,一是愛情課,二是財富課。就金錢而言,當我們還在上學的時候,想著賺錢就是不務正業,耽誤學習。可是一旦畢業後,車子、房子的話題躲都躲不開。

財富課的缺失,讓我們很難正確理解賺錢這件事,也總讓我們與金錢的關係處於不安與焦慮中。投資理財的知識和訓練太少了,導致大多數人的財商幾乎為零。

第二章　通往財富自由之路
三、財務自由的三個要素

因為沒有意識，因為不懂投資，所以大部分人都是在靠出賣自己的時間、智商、體力賺錢，然後把辛苦賺來的錢放在銀行裡，眼睜睜看著它跑輸通貨膨脹、不斷貶值而無能為力。

我們假設一下，未來每年物價上漲 4%，以 1000 元為例：

10 年後，1000 元實際消費能力相當於現在的 670 元。

20 年後，1000 元相當於現在的 450 元。

30 年後，1000 元相當於現在的 300 元。

大家辛辛苦苦賺錢，實際上存款卻在不斷貶值和縮水，而投資理財就是普通人為數不多抵抗通貨膨脹的辦法之一，也就是用錢來生錢。

年輕的時候沒有投資的意識也許不要緊，但等到有了家庭以後還沒有形成正確的投資理財意識，那就相當危險了。沒有子女教育規劃，沒有健康養老規劃，沒有應對突發風險的規劃，「一夜返貧」的悲劇隨時可能上演。

(1) 風險與收益

在投資理財時，我們經常容易陷入一個迷思，很多人只關心收益，卻忘掉了最重要的一點：風險。

天性上，我們都喜歡賺錢，討厭虧損，而體現在投資中，一旦不能客觀地對待風險與收益，一方面會過度相信自己持有的產品一定會帶來好的回報，另一方面也容易上當受騙，如某些號稱年投資報酬率達到 30% 以上的 P2P 網路借貸項目。

用有錢人的思維賺錢
最輕鬆的投資入門，甩開定存的吃土人生

在賭場上，最容易沉迷賭博、最後傾家蕩產的，並不是那種一開始輸錢的人，而是一開始就贏錢，而且贏得還不少的人。因為他們僥幸贏錢後，往往會過高估計自己的能力，從而對風險視而不見，甚至會不斷地加大賭注，直到把此前所有的盈利都賠進去了還不肯罷休。這種現象在股市裡比比皆是。

這跟我們平時接觸到的一些人類似，假裝風險不存在，或者心存僥幸，盲目地追逐投資收益。

所以，只有重視風險的投資者，才能真正笑到最後。懂得控制風險，才能增加我們成功的機率。

(2) 投入產出比

很多人認為「反正我也沒有多少錢」，於是覺得投資理財這件事和自己沒有關係，理所當然地以為那是有錢人的事情。在第一章，我就強調過，投資的重點並不在於盈虧絕對值，而在盈虧比例。

例如，用 1 萬元作為本金盈利 50%，和用 10 萬元作為本金盈利 15%，前者的收益率和資金效率遠高於後者。

大部分情況下投入產出比越高越好。這也意味著在產出固定的情況下，投入越小越好；在投入固定的情況下，產出越大越好。

例如，你投入 100 元買了一只股票，最後賺了 10 元，那你的投入產出比就是 110%；你投入 100 元，最後賺了 50 元，投入產出比就是 150%；你投入 100 元，最後只剩 50 元，投入產出比就是 50%。

假設你每個月的收入是 5000 元，比你職位高、薪水高的人，投入

第二章　通往財富自由之路
三、財務自由的三個要素

產出比要比你高,每小時比你更值錢,月薪 1 萬元的人投入產出比至少是你的兩倍。這也是升職加薪的本質。

所以,要想升職加薪,最簡單的原則就是堅持做投入產出比高的工作。

(3) 資產與負債

許多人在規劃自己的人生和財富時,都不知道一個秘密: 有一類東西讓你越來富有,不知不覺累積財富; 還有一類東西會讓你越來越貧窮,就像吸血鬼一樣吸光你的錢。

這就是資產與負債,也是最終造成財富差距的重要因素。

資產就是給我們帶來正收益的物品,它可以源源不斷地將錢帶到我們的帳戶中,如公司的股份、藝術收藏品、發明專利,還有基金、股票、債券等。資產收入中絕大部分都屬於被動收入。

而負債正好相反,它給我們帶來負收益,只會讓我們帳戶中的錢源源不斷地流失,生活中許多消費品、消耗品都屬於負債。例如汽車,從物品的屬性上它就是一種負債,從頭期款到車貸、油費、保險費、保養費等,在未來直到它報廢或者售出,也只給你帶來了負收益。

所以,一般來說往外付錢的東西都是負債,而資產是能把錢往你口袋裡裝的東西。分清楚了資產與負債,就容易知道要不斷買入資產,而不是錯把負債當資產買。

用有錢人的思維賺錢
最輕鬆的投資入門，甩開定存的吃土人生

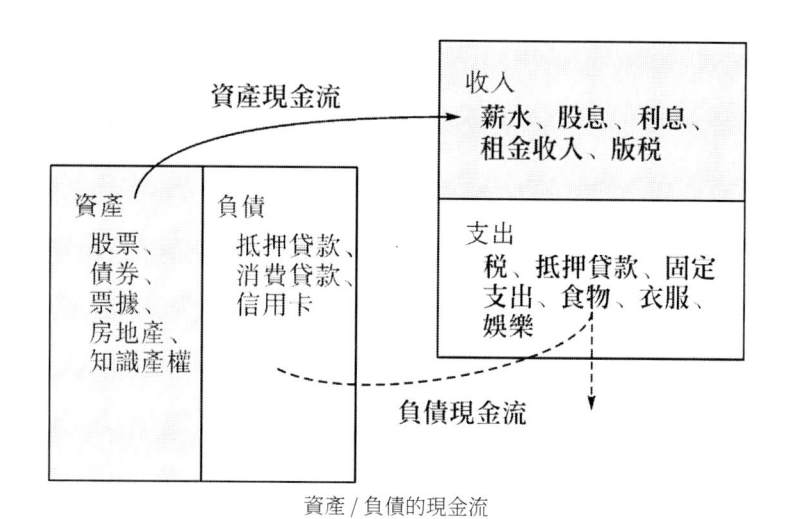

```
                          資產現金流  ┌─────────────────────┐
                          ─────────→│ 收入                │
                                    │  薪水、股息、利息、  │
                                    │  租金收入、版稅     │
  ┌─────────────┬─────────────┐     ├─────────────────────┤
  │ 資產        │ 負債        │     │ 支出                │
  │  股票、     │  抵押貸款、 │     │  稅、抵押貸款、固定 │
  │  債券、     │  消費貸款、 │     │  支出、食物、衣服、 │
  │  票據、     │  信用卡     │     │  娛樂               │
  │  房地產、   │             │     │                     │
  │  知識產權   │             │     └─────────────────────┘
  └─────────────┴─────────────┘            ↑
           └ ─ ─ ─ ─ ─ ─ ─ ─ ─ ─ ─ ─ ─ ─ ─ ┘
                     負債現金流
```

資產 / 負債的現金流

上述三個概念可以套用在任何事情上，關鍵是要真正運用到生活中去。

只要開始有了投資的意識和觀念，你會發現，即便是暫時沒有投資的本金，也一定會改變很多對生活的看法，從而讓你的生活越來越好。

2. 累積第一桶金

從人性的角度上來說，我們普遍都是不勞而獲的享樂主義者，沒有誰天生願意做一個自律嚴苛的「清教徒」。

有人曾經總結，大學畢業後的三五年內，收入漸趨穩定，薪水剛

第二章　通往財富自由之路
三、財務自由的三個要素

剛滿足日常生活所需的時候，很容易感到知足。大多數的人會在這個階段陷入一種停滯不前的狀態，那些「被困在當下」的僥幸心理，也很容易乘虛而入，尤其是背後有父母支持的時候。

其實，這個階段我們最應該做的，就是想方設法累積自己的第一桶金。

這也是人生最艱難的階段，很多人終其一生也無法超越這一階段，最後的結果就是「認命」，窮困潦倒。

李嘉誠說，賺第二個 100 萬元要比賺第一個 100 萬元容易。說的就是人生中賺第一桶金的艱難，而當有了第一個 100 萬元之後，就可以通過資本收益獲得第二個 100 萬元。

所有問題的癥結，都在於第一個 100 萬元該如何賺。

當然，100 萬元並非進入的門檻。第一桶金的標準因人而異，這跟每個人所在的地區、工作類別，以及自己對生活的要求有關，可能是 10 萬元，也可能是 100 萬元。

以我的經驗來看，90% 的人的第一桶金主要來自儲蓄，慢慢累積，其次才是額外所得。也有人說：抓住一個機會也可以一夜暴富。歷史告訴我們，像這樣的暴發戶，很快又會回到最初的樣子。

很多人會說：我沒有錢怎麼投資理財呀？這的確是一個關鍵問題，沒有本金，是無法去做各種安排和投資的，很多美好的夢想也會灰飛煙滅。

打個比方，第一桶金就像是一只會下金蛋的雞，雞生蛋、蛋生

用有錢人的思維賺錢
最輕鬆的投資入門，甩開定存的吃土人生

雞，循環往復。如果還沒有這隻雞，那我們首先就要從「養雞」開始做起。

(1) 節流（存款）

在這個階段，最重要的是養成良好的儲蓄習慣，這是一個漸進過程，千萬別急。

首先學會記帳，對自己的收支狀況進行分析，做好收支規劃，每個月收入多少，支出多少，能有多少結餘。如果長期入不敷出，甚至還通過信用卡等方式透支，拆東牆補西牆，則說明財務狀況已經非常糟糕。

如果你初入職場，暫時收不抵支，情有可原；如果你已經工作了一段時間，收入還不夠養活自己，仍然靠借貸生存，那麼你必須從自己身上找原因，要嘛是太鋪張浪費，要嘛是能力太差。

如果是鋪張浪費，則需要認真區分「需要」和「想要」的東西，盡量理性控制自己的消費慾望，一點一點地改善，如少喝一杯咖啡，少抽一包煙；如果是收入不能養活自己，你只有兩種方法：一是跳槽，尋找高薪的工作；二是投資自己，持續學習，努力提高收入。

然後，請確定一個存款目標，可以從最基本的月收入的 10% 開始，在不太影響生活品質的情況下，逐漸提高儲蓄比例。例如，每月可以存 3000 元，一年以後，你就可以收穫 36000 元的存款，以此類推。

記住，把錢存入銀行，不是單純的活期存款，可以單獨開一個理

第二章　通往財富自由之路
三、財務自由的三個要素

財帳戶，存入定期存款。另外，也可以用貨幣基金取代定期存款，前者的靈活性和收益性都較之後者高得多。

在優化支出結構，逐漸累積第一桶金的同時，也可以嘗試做一些投資，瞭解各種投資產品和它們的風險以及回報特點，但最好以低風險投資為主，如銀行理財、貨幣基金，注意本金的安全，然後用少量資金做一些風險稍高的嘗試，如股票、指數基金等。

第一桶金的小目標一旦確立，不管用什麼方法，你都必須開始存錢，而且越快累積到這個目標越好。這個階段，最重要的是累積，可以把一些生活享受類的消費項目放到後面，如換新款 iPhone、外出旅遊等。

我的建議是，輕易不要動用這筆資金，包括利息收益，而是繼續滾存。一開始，這點資產看起來微不足道，但它只會增加，不會減少，慢慢地就成了一只會下金蛋的雞，直到變成一只會下金蛋的肥雞。這其實也就是我們常說的「被動收入」。

(2) 開源（收入）

存錢從來都不會讓我們變得真正富有。在累積自己的第一桶金的階段，還要努力增加自己的收入，即學會開源。

對於絕大多數人來說，儲蓄是人生獲得第一桶金的硬性辦法，但是，如果收入只能勉強達到收支平衡，無法在帳戶上存留更多的錢，那就只有想方設法去開源，去努力賺錢。因為只能滿足基本的日常生活開支，即使想要存錢，那也是很困難的事情。

用有錢人的思維賺錢
最輕鬆的投資入門，甩開定存的吃土人生

但是，錢不會平白無故地產生，而是我們努力賺來的。

對於很多職場中人來說，基本上一天 8 個小時都在公司忙碌，想要賺到更多的錢，要嘛加薪升職，要嘛利用自己的業餘時間，發掘其他開源管道增加收入。

一是 8 小時之內的開源。工作，是人生的第一次社會性投資。

一定程度上，很多人對於賺錢的理解就是賺薪水，然而並不是有好的工作、好的收入，未來就會有錢，生活就一定能好。

但在這個累積的初級階段，我仍認為任何開源都比不上工作中的賺錢，你所獲得的薪酬收入，也就是自己所創造價值的變現。要想進一步提高收入，只能練就足夠的專業本領，創造更多的價值，從而升職加薪。

努力，從不懈怠，養成自律習慣，讓自己從普通職員做到幹部，你的價值和收入就會得到更大的提升。

二是 8 小時之外的開源。除了工作賺錢，還可以利用 8 小時以外的時間開源。也就是我們通常說的兼職。

在這個階段，不冒風險增加收入是第一位的。不放棄目前穩定的工作，不占用上班時間，還可以鍛煉能力、累積經驗，同時還能賺取一定收入，可謂一舉多得。

但這要有一個特定條件，就是利用自己的專業和技能開源。例如你的文字功底好，可以兼職寫作或做文字編輯，為自媒體平台投稿；你的外語基礎很扎實，可以兼職口譯或筆譯；你是做 IT 的，可以兼

第二章　通往財富自由之路
三、財務自由的三個要素

職開發一些軟體；你喜歡網拍，可以兼職開一家小店。

總之，你擁有哪方面的專長，就提供哪方面的服務，做好 8 小時以外的開源工作。

各種兼職開源管道不一而足，每個人都可以根據自己的實際情況選擇適合自己的方式。如此，既鍛煉了自己的能力，同時也增加了自己的收入，從而更好更快地累積自己的第一桶金。

3. 打造自己的投資體系

在完成自己第一桶金的累積之後，我們應該對各類投資產品有了比較多的瞭解。在一些嘗試性的投資理財過程中，已經有了不少感觸，甚至可能摸索歸納出了一些零碎的規律。這時，可以開始著手建立自己的投資體系了。

投資體系是一個廣泛的概念，從理念、方法到思維模式、行為準則等，構成了投資的核心價值觀，並指導著我們此後的學習和投資實踐。

為什麼要建立適合自己的投資體系，而不是找一個現成的模式來學習？因為每個人的性格、風險偏好、投資金額不同諸多的差異存在，讓大家都去尋找一個完全不需要調整的體系，這是不現實的。否則，這個世界就沒有貧富差距了。

(1) 建立自己的投資認知體系

建立自己的投資認知體系，並不是一件容易的事情，很多人窮盡

用有錢人的思維賺錢
最輕鬆的投資入門，甩開定存的吃土人生

一生都沒能建立起自己的認知框架。最關鍵的是要清楚地瞭解自己、瞭解市場，以及所選擇的投資品種，找到最適合自己的 「通往羅馬的道路」。這不會一勞永逸，而是一個不斷校正完善的過程。

如果你還年輕，可以承受挫折，即使失敗了也可以東山再起，那麼風險系數可以大一些；如果你已經人到中年，承受不起劇烈的跌宕起伏，那麼管控風險、安全邊際必須放在第一位，然後做出資產組合配置但無論如何，都不能為了收益而罔顧風險。

這有兩個前提條件：

一是能力圈。每個人的知識和能力都是有限的，並非無所不能。投資界有句話： 你很難賺到你不相信的那部分的錢。巴菲特也說： 對於大多數投資者來說，重要的不是他們到底知道什麼，而是他們是否真正明白自己到底不知道什麼。不做自己不懂的投資，不投自己不熟的行業； 否則，即使僥幸賺到錢，最終也會失去。

二是承受力。各種策略和方法的盈利與風險程度是完全不一樣的。巴菲特的長期價值投資體系，雖然給他帶來了非常豐厚的回報，但他買入的股票，可能在很長一段時間內都不漲，甚至會出現大幅度下跌。你如果沒有這樣的耐心和階段性虧損的承受力，這種價值投資體系就可能不適合你。

(2) 選擇自己的投資體系

對自己的能力圈邊界和風險承受力有了初步瞭解之後，接下來就是選擇一套適合自己的投資賺錢體系。沒有哪一條路是最好的，只有

第二章　通往財富自由之路
三、財務自由的三個要素

最適合的。

首先,瞭解各種投資體系的適用性。有些投資體系適合大漲大跌的平衡市場,有些則適合大幅震盪的波動市場,有些適合成長風格盛行的行情。其次,瞭解各種投資體系的風險度。知己知彼方能百戰不殆,知道這些體系的弱點,以及可能面對的風險和虧損程度。最後,對適合自己的投資體系進行評判,即你的能力圈、風險承受力,是否與之匹配?

當然,在選擇投資體系過程中,也可以融會貫通,如把技術派的學一些,把基本面的也試一試,汲取各自的優點。但切忌在各種風格體系之間左右搖擺。

(3) 知行合一和及時修正 投資最難的是「知行合一」。

在投資實戰中,遭遇到的最大挑戰是,當你的投資方法遇到困難,甚至處於虧損狀態的時候,這是你對自己的投資體系最懷疑動搖的時候。是堅持還是放棄?

第一是要擁有良好的心態。巴菲特曾說,在別人恐懼的時候貪婪,在別人貪婪的時候恐懼。理性面對市場波動,才能保持冷靜、鎮定。就像絕不輕易做選擇一樣,既然深思熟慮地深入研究了,就不要輕易懷疑自己的判斷,我們應有淡定的良好心態,不隨波逐流,堅持自己的體系認知。例如,股價每天都在漲漲跌跌,如果不能保持一顆淡定的心,自己的情緒就會跟著波動起伏。如果一旦遇到困難、虧損,就輕易放棄了自己的投資體系,那麼你永遠不會成為成功的投資

用有錢人的思維賺錢
最輕鬆的投資入門，甩開定存的吃土人生

者，也永遠不會賺大錢。

第二是能及時修正。一方面，即使作為中長期持有的價值投資者，也不能買入後不聞不問，而應該定期回顧，評估自己的投資產品是否已經發生了本質上的變化，以及自己是否真正有效地執行了既定策略。另一方面，如果投資市場已經發生根本性的變化，而自己的方法論已經不適合這種變化，那就應該立即修正自己的投資體系。

在建立自己的價值投資體系過程中，有太多的困難需要克服，但最重要的是「知行合一」和及時修正。這是兩個既矛盾、又統一的辯證體，像一枚硬幣的正反面。

構建適合自己的投資體系是一個比較複雜的過程，在這個過程中，理財師簡七給出了兩個建議：

一是用選伴侶的態度選擇投資產品。

某種意義上，投資就像一場婚姻。在生活中，我們從談戀愛到選擇另一半的時候，往往都很強調價值觀一致，這樣才能合得來、相處愉快，還會懂得相互珍惜、體諒。投資理財也是如此，我們要確保自己精挑細選的產品、資產配置的組合，都符合自己對預期收益和風險承受力的要求。

這兩件事的共同特點是：如果你在選擇的時候太草率、不用心、瞭解得不夠，未來會吃大虧。金融巨擘約翰‧P‧摩根曾經對他的兒子說：「一旦婚姻投資得當，你的事業也將隨之達到高峰。假如把婚姻視為兒戲，草率決定，隨之而來的懲罰將是離婚、精神痛苦，以及存

第二章　通往財富自由之路
三、財務自由的三個要素

款金額的銳減。」

二是用經營婚姻的方式對待自己的投資。

托爾斯泰說：「幸福的家庭都是相似的，不幸的家庭各有各的不幸。」

或許愛情可以無條件，可以盲目；但婚姻就必須得理智。用經營婚姻的心態去對待投資，才是對自己的金錢負責。簡單點說，就是和對的人長相廝守，和錯的人趁早分手。如果你找到了幾款好的產品，並且進行了良好的配置組合，那麼接下來的事情就是長期持有，賺取穩定增長的收益，減少頻繁交易帶來的風險、成本和額外費用，還不會錯過正確的市場機會。

如果你發現投資產品和自己想要的結果不匹配，或者中途出現了異常變化，無法扭轉，那麼最明智的做法就是及時止損，乾淨利落地早點「分手」。

否則，你試圖挽救的「婚姻」最後只會跌停。

看到這裡，你可能會說：大道理我都懂，但仍然沒有過好這一生。試想一下，婚姻是由兩個人一同構造的一個共同體，沒有雙方帶著智慧去經營，能有幸福的婚姻嗎？投資理財也是一樣，賺錢從來都不是一件容易的事情。

我們想多賺點錢實現財務自由，就必須得付出相應的時間和精力去學習，這條路上從來沒有捷徑可走。

最後，還有非常重要的一點想要給大家分享，那就是：理財就是

用有錢人的思維賺錢
最輕鬆的投資入門，甩開定存的吃土人生

理人生，投資自己才是最好的投資。這就是說要把錢投資在那些能夠幫助我們提升工作技能或競爭力的事情上，如培訓、課程、鍛煉等，不斷地學習大咖們厲害的地方，消化吸收，變成自己的一部分。這些早期的投入，也許不會在短時間內立即賺錢，但一定會在未來帶給我們成倍的收益。而且，在這過程中，我們不僅慢慢地提升了自己，同時也改善了自己的世界。

成長，永遠比成功更重要。你平時所累積的點點滴滴，都是在為自己增值，給自己的未來多一些選擇。

羅曼羅蘭的一句話說得很好：

人們常覺得準備的階段是在浪費時間，只有當真正的機會來臨，而自己沒有能力把握的時候，才能覺悟到自己平時沒有準備才是浪費了時間。

第三章
我們為什麼總是窮

用有錢人的思維賺錢
最輕鬆的投資入門,甩開定存的吃土人生

所有的缺錢,都是因為沒有錢就無法解決的問題越來越多了。一個人前半生的選擇,往往決定了他人生後半場的輸贏。

大多數人都生活在平靜的絕望之中。

——梭羅

你每天都很困,
只因為你被生活所困。
全世界都在催你早點,
卻沒人在意你,還沒吃早點。
每天都在用六位數的密碼,
保護著兩位數的存款。
世界那麼大,
你真的能隨便去看看嗎?
小時候總騙爸媽自己沒錢了,
現在總騙爸媽:
「沒事,我還有錢。」

2017年下半年,有一組題為《年紀越大,越沒人會原諒你的窮》的推廣海報,刺痛了很多人的心。

那些為錢所困的沮喪和辛酸,都濃縮在這幾句文案裡了。

當然,一個人多窮都不需要別人的原諒,但不能否認,貧窮對我們的生活影響真的很大。

第三章　我們為什麼總是窮
一、缺錢，是一種「傳染病」

一、缺錢，是一種「傳染病」

錢，當然是個好東西。可以用它買安穩，才不至於被一場大病、一場意外徹底摧毀人生；可以用它買房子，結束四處奔波之苦，不必忐忑房租何時上漲，不必擔心忽然被趕走；甚至能拿它去買尊嚴，把看人臉色受人驅使的膽戰心驚全部都收起來。

金錢換來的東西，有時真的能夠撫慰人心。我們愛錢，未必是因為錢能帶來享受或者是榮耀，很多時候，僅僅是需要它來終結內心那一份倉皇的顛沛流離。

但在現實生活中，為什麼我們總是覺得自己缺錢呢？賺的錢都到哪裡去了？為什麼別人過得悠閒灑脫，自己卻覺得壓力很大？

1. 沒錢，是一種怎樣的體驗

三毛曾經說：世上的喜劇不需要金錢就能產生，但世上的悲劇大半和金錢脫不了關係。

沒錢，往往意味著得到的自我認同感更少，自信的缺乏會使人不敢面對真實的自我訴求。網上有一句話是這麼說的：凡是能用錢解決的問題，我都解決不了。

在商場買東西，第一個動作就是翻吊牌。

對「打折」極其敏感，只要看到它，就情不自禁地衝過去了。

看電影的時候，一定要找票價最便宜的團購。全價看電影，腦子

用有錢人的思維賺錢
最輕鬆的投資入門,甩開定存的吃土人生

有病吧?

衡量任何東西都是用「一頓飯」做參照。一杯咖啡相當於兩頓飯錢了,買件衣服相當於 10 天的飯錢了。

有時候因為重要事情不得不坐計程車,看里程表一直往上跳,心跳急遽加速,超出心理承受範圍,恨不得當場跳車。

例如,假期有錢有閒的人,可以選擇在家睡覺看書浪費時間,也可以世界各地遊玩;沒錢又沒時間去旅行的人,要嘛在社群網站上周遊世界,要嘛在人山人海裡看風景。

主動選擇與被動接受之間,心態是不一樣的。

在一次講座上,我曾經讓大家拿出紙筆來計算一下自己每個月的收支情況,大部分人的結果都是:缺錢。

一個女孩子站起來說:不用計算,不用翻手機和帳戶,我也能加減出來自己還有多少可支配的錢,以及下個月可能發多少薪水。要過年了,禮物、紅包、機票又將是一大筆開銷,更不用說每個月固定的房租、生活費。不缺錢,才怪呢!

缺錢有兩種情況:一是**屬於貧困線以下的人**。對這類人來說,貧窮很容易讓人麻木,反倒不覺得自己缺錢。二是心理落差比較大的人。當自己所擁有的財富無法滿足需求時,就會感覺到缺錢。比如說,你已經混到白領階層,買了車、供著房,自我感覺還不錯,突然有一天發現身邊的朋友經常去旅行,杜拜、濟州島、北海道。手提包、衣服都是奢侈品,你羨慕向往這樣的生活狀態,於是就開始感覺

第三章　我們為什麼總是窮
一、缺錢，是一種「傳染病」

自己缺錢了。

所有的缺錢，都是因為沒有錢就無法解決的問題越來越多了。

為什麼我們總是覺得自己缺錢呢？其實對於金錢，也許我們有根深蒂固和想像不到的誤解。甚至很多時候，正是我們阻止了自己成為一個有錢人。

回頭看看，現在的你為什麼會無比討厭過去的自己？因為過去的你在應該奮鬥的年紀選擇了安逸，才讓現在的你陷入對於金錢捉襟見肘的危機狀態。

這個背後，往往是因為我們和有錢人的思維方式不一樣。當初，他們也和我們一樣，對生活不甘心，但會樹立目標採取行動，並且堅定不移地走下去，主動縮小現實和理想的差距，認真準備面試，積攢費用學習，儲蓄存錢投資，結果實現財務自由。

一個人前半生的選擇，往往決定了人生後半場的輸贏。你有什麼不服氣呢？

既然缺錢，只有兩個解決辦法：多賺錢，少花點。但是，從根本上講，錢是靠賺出來的，不是靠省出來的。一個人很難用一百元辦成一萬元的事情，有工夫費這個省錢的心思，不如多花點工夫去賺到一萬元。這個道理不難理解。

你要賺錢，要先學會對錢有正確的認識和思維。

用有錢人的思維賺錢
最輕鬆的投資入門，甩開定存的吃土人生

2. 我自己的故事

「月光族」 已經是眾所周知了。前一陣子,「隱形貧困」的概念很紅,很多人都踴躍地舉手：是我,是我。

這些人看上去光鮮亮麗 ,實際上窮得掉渣,即使如此,仍然拒絕消費降級。

如今的年輕人,似乎都有一種 「活在當下」 的灑脫感,「及時行樂」 是對待生活的唯一態度： 想買就買的衣服,說走就走的旅行,永遠缺少的化妝品,一直在更新的 iphone 手機。在 「生活就要優雅得像月光」 之類廣告詞營造的夢裡,年輕人們盡情享樂,抵押未來,透支明天的收入來買今天的快樂,每個人都熟練使用信用卡,每月存錢簡直就是一個神話。

很多年前,我曾經也是這樣想的,而且和許多人一樣,心安理得地做著「月光族」。

直到有一年夏天,老家的一個親戚突然打電話給我,說想借點錢給孩子買房子,東拼西湊還差點,不多,十五萬元就行。

這個親戚一向待我很好,小時候隔三岔五地偷偷給我零食,考上大學那年還特意給我買了一個大皮箱。她第一次開口向我借錢,還特別擔心我尷尬為難。

可是作為一個 「月光族」,工作五六年,別說十五萬元,五萬元都沒有。說出沒錢的時候,我自己都不信,畢竟我的薪水,其實不算低。

第三章　我們為什麼總是窮
一、缺錢，是一種「傳染病」

我結結巴巴地解釋原因，親戚表示理解，但我很是尷尬，且無地自容。

後來父親來看我，略帶埋怨地說：「孩子啊，別光顧著花錢，你也該慢慢存點錢了，不是為爸媽的養老，更重要的是為自己的以後考慮。人這一輩子，有很多的不確定。」

我出生在農村，但我的父親頗有商業意識，很早就開始了理財活動，所以很多事情不需要我操心。

儘管如此，我家也只是一個普通家庭，假設年邁的父母生病，或者遇到意外情況，我除了束手無策乾著急，似乎一點忙都幫不上。

以前我認為錢不重要，那一次，我終於開始意識到：總有一天，錢，也會成為自己焦慮的源頭。

如今的年輕人，對於量入為出的觀念總是嗤之以鼻：「這年頭誰還儲蓄？通貨膨脹這麼厲害，存錢是浪費了，不如花掉買個開心，反正我也沒什麼負擔。」但是，沒什麼負擔並不是免死金牌。

年輕人眼看著上一代的血淚教訓，甚至他們本身也趕上了房價飆升的尾巴。銀行裡的存款，很快就變得不值錢了，省吃儉用存下一筆錢，沒拿去做頭期，似乎就顯得毫無價值。

但年輕人依然應該存點錢，就算本身是「虧」的也好。如果你渴望一個美好、可控、有退路的未來，就一定要想方設法強制自己存點錢。

存錢的意義不僅在於金錢的價值和未來生錢，更是你對人生的規

用有錢人的思維賺錢
最輕鬆的投資入門，甩開定存的吃土人生

劃和為自己積存的底蘊。這筆錢可能會是你的退路、你的底氣，有些時候，甚至是你的尊嚴。

3. 哪些狀況導致我們貧窮

曾經有一部好萊塢大片，叫作《命運規劃局》，講述了一個與命運抗爭的愛情故事。與以往的愛情片不一樣的是，主角抗爭的不是家庭的阻撓、時間的變遷，或是混亂的時代大背景，而是「命運」——用機器人把一個人從出生、成長、貧窮、富貴、意外甚至到死亡都一步步設計好的人生軌跡。

但在現實生活中，每個人的人生都是不可能設計的，甚至就像一場只有單程票的旅行。只有當一切都成為過去式，我們才會幡然醒悟。

逆向思維在投資市場中尤為被推崇。當我們想要實現財務自由或者達到一種富有的狀態時，不妨用逆向思維想清楚什麼會讓自己變窮，也就是找到阻礙我們成功的因素是什麼，然後避免這些問題。

第一，意外。這個很容易理解，如失業、創業失敗，甚至是家庭變故等，都可能讓家庭財富大幅縮水，如果沒有提前做好風險轉移，真的可能損失慘重。

例如，一個工人從工地高空掉下來，意外受傷不能工作，沒有收入。他要去醫院治療，花費一大筆錢。他要用錢，只能從辛苦積攢的儲蓄中取出來，這筆錢也許還在投資理財中處於浮虧的狀態。即使是

第三章　我們為什麼總是窮
一、缺錢，是一種「傳染病」

定期存款，也要損失一大筆利息。

面對意外，我們普通人沒有提前預知的能力，甚至都沒有抵抗的機會。在命運面前，人類弱小得如同螻蟻。意外來臨時，連個招呼都不會打一聲。

第二，疾病。這個不言自明，尤其是現在很多疾病出現低齡化，年紀輕輕就猝不及防地患上一些重症，需要花費大量的時間與金錢。

即使一場不大不小的病，也能讓人捉襟見肘，它不僅是對身體上的折磨，更意味著巨大的治療成本，很可能在一夜之間改變很多人的命運。甚至拖累整個家庭，從小康直接掉入貧窮，並看不到任何希望。

第三，無約束地花錢。網路上流行一個說法：人生有一個萬能的四大法則——不行就分、喜歡就買、多喝點水、重開試試。據說生活中遇到的很多問題，都能用這四個法則來一一解決。

其中喜歡就買，其實是一種任性的生活方式，逛街的時候看到櫥窗裡的漂亮衣服，逛淘寶的時候看到漂亮的包都忍不住買下。

花錢，總是一件令人愉快的事情。

這就是無規劃的支出，刷卡的時候很開心，可是它會讓你背負沉重的負擔，甚至可能讓你陷入債務深淵。

當與自己喜歡的東西相遇時，「立刻就要擁有」的感受一定十分強烈。這個時候，不妨冷靜下來問一問自己：這樣的支出，是必要的嗎？沒必要的消費，大部分都沒有什麼價值，而且買過之後就

用有錢人的思維賺錢
最輕鬆的投資入門，甩開定存的吃土人生

會後悔。

不要小看這些零碎的支出，它就像一個無底洞，讓你把錢不斷地投進去，但是並不會產生任何價值回報和投資收益。

支出的前提是整理，首先要認識到不同的支出都需要設置不同的份額，做到對資金流的走向胸有成竹。在進行財務整理與規劃中，嘗試把支出劃成三份：消費、投資、浪費。我的建議，最好的比例是70% 消費、25% 投資、5% 浪費，當然有必要逐步提高投資理財的占比，這要視每個人的不同情況而定。

第四，沒有持續賺錢的路徑。錢和任何東西，都是為了讓你生活得更好，而不是給你帶來麻煩。投資體系也是如此。

投資不僅是一門科學，更是一門藝術。除了一些基本知識之外，靠的是經驗和心態。只有多思考，才能慢慢領悟。在這一點上，它與釣魚、下棋、打高爾夫等有很多類似之處。

知道了這四個導致我們貧困的因素，就可以以逆向思維來看，如果我們想變得有錢需要做什麼事，哪些是需要努力避免的。當然，我們也應該反省，自己現在有沒有踏入這些「坑」？

有一套好的投資系統或者邏輯是非常重要的，它不僅提高投資賺錢的效率，而且會讓你在風險可控的範圍內投資，也就是每個人的能力圈。風險是相對的，如高空踩鋼絲，對有恐高症或者沒有受過專業訓練的人來說是非常危險的，然而對雜技演員來說，則風險基本可控。

第三章　我們為什麼總是窮
一、缺錢，是一種「傳染病」

約翰坦伯頓（鄧普頓基金創始人）有一句名言：「長期堅持不懈地投資，一定能賺錢。」這話說起來簡單，但做起來不容易。

以我個人經驗建議，構建一套自己的投資系統有四個要素。

① 長期不懈地堅持節約和儲蓄。
② 長期不懈地堅持投資，並著重投資於股市（含指數基金）。
③ 分散風險，最好買涵蓋面較廣的指數基金，或者構建一個樣本足夠大的、風險足夠分散的股票組合（最好在10支左右）。
④ 降低回報率期望，控制貪欲，避免頻繁交易，從而減少交易費用。

二、賺錢先「換腦」

有人曾說，每參加一次同學會都像是在「渡劫」。

如果參加畢業後的同學聚會，你可能會發現，曾經在同一個班級裡的同學，如今生活越來越不一樣了。曾經看起來調皮搗蛋的人，可能成了班裡最有錢的人；曾經看起來前途無量的人，現在只是一個普通的上班族。時間確實能夠改變很多事情，當初一起畢業的同學，數年後再相見卻發現大家都有不同的改變。

同一所學校、同一個專業，智商、家庭背景相差不大的人，為什麼數年之後就會存在明顯的差距，而且隨著時間的推移，差距甚至會越來越大？

差距是怎麼產生的？當你在想玩什麼，有人在想學什麼──注意力；當你在做計劃，有人已經出發──執行；當你為上一次的失敗而沮喪，有人已經開始下一次的嘗試──心態；當你想放棄，有人卻堅信希望就在轉角處──堅持。

我們的認知和行動的差別，造就了人與人之間的差距。

其實當初就業選擇時，大家的認知思維就已經發生了很大的區別：有的選擇考研究所深造，有的想創業致富，也有的迫不及待加入上班族。在不同環境中，差距往往會在不同層面凸顯。按照自己的選擇，在社會實踐中接觸各種圈子，進一步產生了不同的思維認知，最後隨著時間的累積，彼此之間的差距就自然變得越來越大了。

第三章　我們為什麼總是窮
二、賺錢先「換腦」

生活的每一刻，都在對人群進行篩選。

正常人之間在 IQ、EQ 方面的差距並不大，那為什麼有些人能夠擁有大量的財富，而有些人卻始終窮困潦倒，飽受貧困之苦呢？

從根本上說，只有兩個原因。

首先是：富人本身就出生於富裕的家庭，來自父輩的原始累積與言傳身教，以及從小受到的精英化教育和由此累積的人脈關係，令他們很輕鬆就具備了致富的條件與能力。

但是討論這個原因沒有絲毫意義，因為像我們這樣草根出身的絕大多數人，不可能具備這些先天性的優勢。我們要學習和考慮的是，那些貧窮或者中產出身最後賺到大量財富的人是如何成功的。

換句話說，同為窮人，但和你差別不大的人，能夠擁有財富的本質原因是什麼？

顯而易見，那就是：思維。

思維的不同導致了選擇的不同、行為的不同、對於同一情境反應的不同，最終自然造就了財富水準的不同。

人的思維方式有千千萬萬，能造就一個人並使其最終擁有大量財富的是多種正確且恰到好處的思維方式的組合。所以，財富是諸多因素疊加的結果。

用有錢人的思維賺錢
最輕鬆的投資入門,甩開定存的吃土人生

富人思維與窮人思維的對比

	富人思維	窮人思維
1	敢於投資不確定的東西	恐懼不確定性,只敢抓住確定性機會
2	習慣投資於遠期和未來	更多考慮當前利益
3	敢於負債,通過負債來擴大自己的實力	不敢負債,只能通過自己累積
4	更多考慮如何投資,錢是資源	更多考慮如何消費,錢是消費品
5	追求穩健增長	追求一夜暴富
6	花錢省時間	用時間換錢
7	更多考慮如何賺錢	更多考慮如何省錢
8	自律	追求享樂

1. 什麼是窮人思維

有兩個效應深刻地說明了窮人思維。

① 「確定效應」。諾貝爾獎獲得者、行為經濟學家卡尼曼和特韋斯基曾提出了這麼一個選擇題:

A．直接得到 100 萬元;

B．有 50% 的機會得到 1 億元,當然還有 50% 的機會什麼都沒有。

你會選哪個?大多數人都會選擇第一個,因為這個選擇是毫無風險的。

第二個選項,雖然看起來 1 億元比 100 萬元多得多,但是,還有 50% 的可能你一分錢都得不到。與其有風險、不可靠,還不如拿那 100 萬元走人。

第三章　我們為什麼總是窮
二、賺錢先「換腦」

　　這就是卡尼曼和特韋斯基的行為經濟學基本原理之一「確定效應」設計的問題。

　　「兩鳥在林，不如一鳥在手」。在確定的收益和「賭一把」之間，多數人會選擇確定的好處，所謂「見好就收，落袋為安」。

　　②「反射效應」。在確定的損失和「賭一把」之間，做一個抉擇，多數人會選擇「賭一把」，稱之為「反射效應」。同樣讓我們來做一個實驗：

　　Ａ．你一定會賠 50000 元；

　　Ｂ．你有 80% 可能賠 80000 元，20% 可能不賠錢。

　　你選擇哪一個？結果顯示，只有少數人情願「花錢消災」，選擇 A，大部分人願意和命運賭一把，選擇 B。

　　實際上，兩害相權取其輕，選擇 B 是錯的。因為，(-80000 元)×80% = -64000 元，風險大於 -50000 元。現實是，大多數人處於虧損狀態時，會極其不甘心，寧願承受更大的風險來賭一把。也就是說，處於損失期時，大多數人變得甘冒風險。

　　「反射效應」是非理性的，表現在股市上就是喜歡將賠錢的股票繼續持有下去。數據顯示，投資者持有虧損股票的時間遠長於持有獲利股票，他們不願「割肉」而選擇「套牢」。

　　這兩個原理，在一定程度上說明了窮人思維的兩個特點：欠缺理性思維，受本能與直覺驅使。人在面臨獲利時，不願冒風險；而在面臨損失時，人人都成了膽大的冒險家。

用有錢人的思維賺錢
最輕鬆的投資入門，甩開定存的吃土人生

2. 富人們都在想什麼

在「確定效應」的案例中，我們說選擇了 100 萬元的人，是典型的窮人思維。而選擇 1 億元的，才是富人思維。

這個背後的邏輯是什麼？

假設張三選擇放棄「Ａ．得到 100 萬元」，而選擇「Ｂ．有 50% 的機會得到 1 億元，當然還有 50% 的機會什麼都沒有」。

我們來看看，這個擁有富人思維的張三接下來是如何運作這個 50% 可能的 1 億元，並讓其產生巨大的疊加價值的。一種可能：賣掉這個選擇權。

張三的想法是，既然現在擁有了 50% 的機會獲得 1 億元，按這個概念計算，那麼這個選擇權的價值就是 5000 萬元。

如果你害怕損失，但總會有人比你更有錢、更願意承擔風險，甚至認為這是一個難得的好機會。於是，張三找到一個人，以 2000 萬元的價格賣掉了這個 5000 萬元的選擇權。

這樣一來，他即賺得盆滿鉢滿，比保守思維所獲得的 100 萬元更多了。你可能會產生疑問：誰會下這麼大的賭注？

張三想著也可以這樣交易：把價值 5000 萬元的選擇權賣出去，但是頭期 100 萬元，如果對方中了 1 億元，可要求再分成 30%。

如此，張三可以得到 100 萬元，外加 50% 可能獲得 3000 萬元的機會，總之比直接拿走 100 萬元的人更值得。風險投資就是這樣產生的。

第三章　我們為什麼總是窮
二、賺錢先「換腦」

窮人思維的出發點，往往都是根據自己的直覺和慣性，只看到眼前利益，並且忌憚風險，從而對未來有更大可行性賺大錢的利益視若無睹。

富人思維則不會受到局限，視野更加開闊，跳出本能使然，用望遠鏡看見更大的機會與盈利的可能。然後，用他們的思維認知與堅定行動，讓這個可能性變現為財富。

如何學習並擁有富人的思維方式

我總結了四個要點：

(1)ESBI 四象限法則

一個非常明顯的現象：每個人的生活狀態和他的工作、事業密不可分。根據每個人不同的職業規劃，一定程度上就能判斷出他們未來財富變化的基本情況。

全世界合法賺錢的四種方式，都坐落在四個象限——ESBI 之中。我們可以通過把這個原本用於管理時間的四象限移植過來，探討背後潛藏的邏輯。

ESBI 四象限法則根據不同的收入方式和現金流狀況，將每個人的工作角色劃分到 ESBI 四象限之中。

用有錢人的思維賺錢
最輕鬆的投資入門，甩開定存的吃土人生

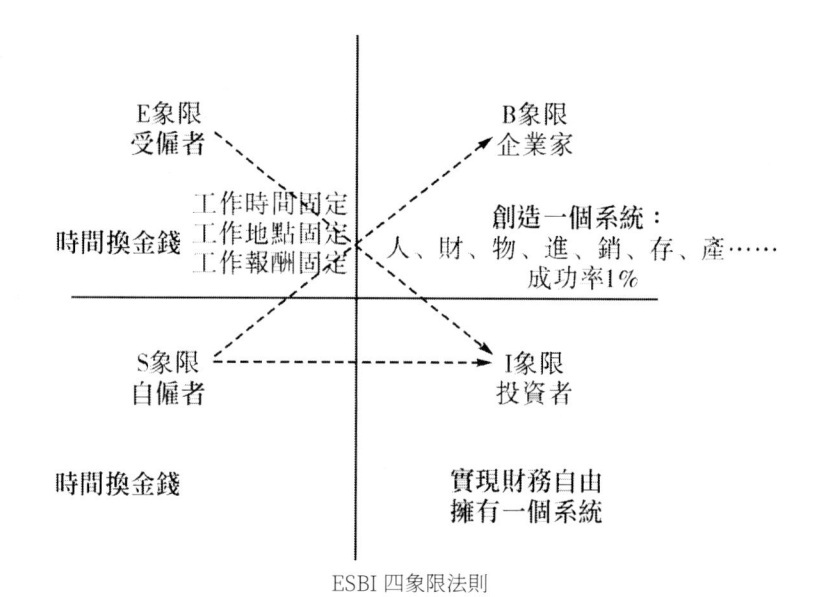

```
E象限                    B象限
受僱者                    企業家

         工作時間固定        創造一個系統：
時間換金錢  工作地點固定    人、財、物、進、銷、存、產……
         工作報酬固定              成功率1%

S象限                    I象限
自僱者                    投資者

時間換金錢                實現財務自由
                        擁有一個系統
```

ESBI 四象限法則

　　E（employee）象限為受僱者。E 象限的人通過為別人或公司工作而賺錢，用自己的時間與技能換取薪酬，是一種典型的主動收入。付出回報比例是 1：0.3~0.7，工作付出大於所得。

　　簡單地說，E 象限就是上班族，他們的工作形式通常是完成公司或者主管交代的任務。這個象限幾乎包括了各個行業不同層級的職員，如演員、銀行櫃員、政府職員、綠化工人、公司 CEO 等。

　　對於絕大多數人來說，E 象限是人生工作、事業的起點，也是財富原始累積的起點。

　　S（self-emplyee）象限為自雇者。也就是依靠個人的知識技能獨

第三章　我們為什麼總是窮
二、賺錢先「換腦」

立從事一定職業的人，如自行開業的醫生、律師、作家、藝術家、個體創業者等。

自己做老板，用自己的錢投資，付出回報比例是1：1，不工作就可能什麼也沒有，相當於為自己上班。

比如說李四夫妻在社區門口經營了一家小超市，從最開始的進貨、陳列，到收銀、維護等，都要夫妻倆親自參與。這種情況下的李四夫妻就屬於S象限中的自由職業者，看似可以支配時間，實際上賺不了多少錢，且勞累辛苦。

B（Business owner）象限為企業家，就是公司擁有者。S、B象限的區別在於S強調自營，自己為自己賺錢；B強調雇用，讓別人為自己賺錢。

S象限中的李四夫妻如果開始雇用員工了，各個環節都不再需要自己高度參與，那他們也就進入了B象限。

企業家擁有一個系統來為他工作，付出回報比例是1：5：20：50。企業家只要雇用合適的人去操作這個系統就可以了。當然前期要工作，慢慢地可以將操作系統化，然後有時間有錢。

I（Investor）象限為投資者。他們依靠資產投資、金融投資、專案投資等不同方式獲得被動收入。

簡單地說，I象限就是指那些可以「以錢生錢」的人。第二個「錢」，可以是投資債券、基金、股票等獲得收益；可以是投資項目、公司的分紅。他們不必工作，因為錢為他們工作，付出回報比例是

用有錢人的思維賺錢
最輕鬆的投資入門，甩開定存的吃土人生

1：20：100：1000要想獲得這樣的收益，必不可少的是第一個「錢」──本金。根據不同的投資對象，不同的門檻難度，本金的多少，在 I 象限中產生的收益也是不同的。

從前面的圖形中可以看出，E、S 象限的共同點是：它們都位於象限左側，象限所在者獲取的是主動收入，一旦停止工作，就無法換取酬勞。

它們的區別在於：作為 E 象限的職員收入相對比較穩定，承擔的風險較小，產生的都是正向現金流。而 S 象限的自雇者，經營良好的情況下收益會很好，但承擔的風險、付出的資本也會更多，一旦經營不善就會虧損，有損失掉本金的可能。

羅伯特清崎說：如果你想到達時間與金錢的平衡，邁向財務自由和富有的話，除非你在象限右側工作，才能賺取非勞動收入，才有可能實現時間和金錢的平衡，才有可能實現財務自由。

雷克拉克在創辦麥當勞之前，從事了 30 多年的推銷員工作，終於在 52 歲時發現機會創建了這一速食王國。IBM 的創始人馬斯沃森、時尚女王可可香奈兒，都是從 E 象限的推銷員、裁縫助理起步的。

所以，在累積原始財富的過程中，有時候需要具備轉換賺錢路徑的思維和魄力。也就是說，每個人所處的財富象限是可以發生改變的。那麼我們該如何去做呢？

① 確定起點。除了繼承大筆的錢之外，大多數人的起點都在 E 象限，這是累積經驗和原始資本的重要階段。

第三章　我們為什麼總是窮
二、賺錢先「換腦」

② 根據自己的情況，規劃 ESBI 的發展路徑，發現並抓住商業機會。

③ 持續學習，完善知識儲備。

(2) 根據目標來嫁接資源

我們先來看一組說法：「我沒有錢」、「我沒有關係」、「我沒有學歷和能力」、「我不懂投資理財」，甚至「我太忙了，沒有時間」、「我不知道怎麼做，從哪裡開始」

再看另一組說法：

「我要把企業做成連鎖」、「我要買入更多的資產」、「我要與更多人合作共享資源」，以及「我要用錢讓人幫我運作新專案」、「我要讓資產流動起來產生更多資產」顯然，這是截然不同的兩種認知和思維邏輯。

「沒錢」、「沒關係」 可能是大多數人無法付諸實踐的首要原因。其次，大部分未完成的目標，其實是被我們自己排除掉的。為自己找借口，原諒自己的懶惰和不思進取，從來都是一件容易的事情。

窮人或者所謂的普通人，往往受限於自己熟悉和習慣的事，受限於有多少錢辦多大事，有什麼條件辦什麼事，不願改進方法，不願意主動挑戰有難度的目標。

他們還認為，自己沒有權勢、資源貧乏，即使付出再多努力，最終收穫大量財富的可能依然很小。於是，他們根據這一預期來調整自己的行為，結果就是不自律、不努力，甚至破罐子破摔。

用有錢人的思維賺錢
最輕鬆的投資入門，甩開定存的吃土人生

「墨菲定律」說：如果你擔心某種情況發生，那麼它就更有可能發生。反之，如果你覺得一件事情不太可能，那麼這件事就真的不可能，因為你的大腦會為你想出 1 萬個不做這件事的理由。

你所看到的，事實上是你的信念引導你將注意力集中在上面。你的世界也會因此變成你想要的那樣。

那些有錢人，大多不安於現狀，擁有更大膽的想法，會主動走出自己的舒適區，用積極樂觀的心態去思考，並經常給自己心理暗示，認為「我行，我可以」，還能夠不被外界所干擾，用自己的眼光審視事物，用自己的方法去解決行進途中的各種疑難雜症。所以他們最後實現了自己的「財富夢」。

馮小剛曾拍過一部電影《一九四二》，故事源於 1942 年河南大旱，千百萬民眾外出逃荒的歷史事件。有一位叫范殿元的地主及其家人、長工等都在長長的逃荒人流中。3 個月後，他們逃到了潼關，車沒了，馬沒了，車上的家人也沒了。雖然一切都沒了，但范殿元還是對他的長工們說了下面的話：

「等到了陝西，立住了腳，那就好辦了。我知道，怎麼從一個窮人變成財主。不出 10 年，你大爺我還是東家。」

擁有富人思維的人，大都具有一種反轉目標的魄力，也稱為「逆向思考」：

假設自己擁有更多的資源，自己到底希望實現什麼樣的目標，然後從目標倒推，努力聚集這些資源。

第三章　我們為什麼總是窮
二、賺錢先「換腦」

當具備這種思考方式以後，我們要想應不應該去做，而不是先想能不能做。例如，制定了一個 5 年賺到 100 萬元的目標，就要以此為根據來推導出策略、戰術，開始調動自己的能力、人脈、資金，並為之籌措相關資源，堅定不移地朝著目標努力。

因為這樣的思維，沒有什麼可以阻擋。沒錢，可以借；沒人，可以找；不懂，可以外包；有限制，可以規避；有敵人，可以和好；有對手，可以合作。富人思維就是從來不為自己設限，充分利用和調動包括錢在內的所有資源達成目標，而不局限於自己現在所處的環境和條件。

採用這樣的思維方式，無論多麼高遠的目標，都有可能找到正確的方向與正確的方法，都有可能把假設屬於你的錢與資源變成真正屬於你的錢和你的資源。

千萬別放棄！我們並不需要變成富人才能擁有富人思維。這種思維方式完全可以通過持續不斷地學習和訓練去掌握，從生活中的點滴事情開始培養富人思維，慢慢讓財富的雪球越滾越大。

(3) 看重長期利益，不追求即時回報

從前，有一個窮苦的農民養了一隻雞，突然有一天這隻雞下了一個金蛋。農民驚詫之餘，很開心，心想太走運了。他用這個金蛋去集市上換回了不少錢。

第二天，這隻雞又下了一個金蛋一個月後，農民把 30 個金蛋運到城裡賣給金器匠，換回了一籃子金幣。以後，這隻雞依然每天都下一

用有錢人的思維賺錢
最輕鬆的投資入門，甩開定存的吃土人生

個金蛋。

直到有一天，這個農民突然產生了這樣的想法：這隻雞每天下一個金蛋，速度太慢了，不如乾脆把它殺了，把它肚子裡那些金子都取出來，這樣我就能成為真正的有錢人了。於是，他拿出刀子，殺了那隻下金蛋的雞，結果扒開一看，雞肚子裡什麼也沒有。農民傻眼了，萬分懊惱：非但沒有拿到更多金子，就連本來該有的每天一個金蛋也沒有了！可是，懊悔已經來不及了。他只好重新過上貧苦的生活。

窮人的口頭禪是：「賺錢要賺看得見的，自己腰包裡的才是錢。」

富人總是說：「現在能拿多少不重要，只要將來能有更多錢就行。」

窮人是因為恐懼，他們往往沒有足夠的耐心和信心等待機會的出現，對金錢的渴望更加強烈，迫切地希望能在短時間內賺到更多的錢，所以他們更喜歡近在咫尺、觸手可及的財富，從而導致變得斤斤計較、目光短淺。

富人則不同，他們看到的往往是一個產品或事物擁有的巨大潛力。對於有升值潛力的事物，富人們選擇買下等待升值，而不是著急出售。因為他們清楚，眼前得到的再多也只是短期的，他們在乎的是長期穩健的財富回報。

一顆金蛋並不十分值錢，一隻能每天下金蛋的雞才是你所需要的。

張愛玲說：出名要趁早。但賺錢並不總是賺得越早越好，越

第三章　我們為什麼總是窮
二、賺錢先「換腦」

快越好。

相對而言，富人在面對不同的選擇時，更傾向於做一些艱難的選擇，只要這些選擇能夠享受長期、持續的利益回報。在投資領域裡，那些追求「即時效應」的人，往往都是最容易被「收割」的那一群，而越注重長期回報的人，越能獲得更多更大的收益，巴菲特、彼得林區、班傑明‧葛拉漢等就是典型的代表。

但這是一個異常艱難的抉擇。在人的天性裡，其實並不擅長選擇長期回報，而總是喜歡享受一手交錢一手交貨的即時效應，被眼前的利益左右，所謂「兩鳥在林，不如一鳥在手」。

我的師父在 45 歲以前，幾乎沒賺到多少錢，但在後來近 10 年時間裡，他厚積薄發，賺到了比他預期中多得多的財富。一次晨練的時候，他告訴我：

「沒有任何捷徑可走，除了學習累積經驗，最重要的是目光長遠，切忌盲目跟風。不要因為現在什麼紅就去買什麼、投資什麼，最後你會發現這些偶然紅的東西，都是短命的。貪圖眼前的利益、賺快錢，永遠只能得到一時的財富，通常情況下這時候的財富遠沒有達到它的最大值。只在乎眼前，就意味著放棄了未來，而且還把自己堅持養成的好習慣給搞丟了。」

另外，眼前的都已成為既定事實，想改變也不可能。對待這樣的利益，又何必錙銖必較呢？但在眼前的好處和未來的收益之間抉擇時，需要付出很大的努力和意志。

用有錢人的思維賺錢
最輕鬆的投資入門，甩開定存的吃土人生

我們往往高估自己在一年時間內能做到的事情，而低估自己 10 年內能做到的事情。

(4) 學會控制風險，是賺錢的第一目標

一定程度上，賺錢和風險，就像一對孿生姐妹。

想賺大錢？那得有冒險精神！從小到大，我們都一直這樣被洗腦。每個小孩在長大的過程中，幾乎都以「膽小」、「懦弱」為恥，以「堅強」「勇敢」為榮，而「冒險」顯然是最常用的彰顯勇氣的方式。

很多常識也說，利潤和損失是相關的，就像一枚硬幣的正反兩面：要想獲得賺 1 萬元的機會，就必須得承受失去 1 萬元的風險。

1992 年，當索羅斯用 100 億美元的槓桿做空英鎊時，他是在冒險嗎？我們往往根據自己的尺度來判斷風險水準，但索羅斯知道他在做什麼，他相信風險水準是完全可以管理的。他已經計算出，即使虧損，損失也不會超過 4%，「其中的風險真的很小」。

從他的角度來看：第一，他的目標是成功，而不是冒險；第二，他通過數十年持續的學習和實踐，掌握了我們不可能完成的工作的必需技巧；第三，他知道什麼是危險、什麼是安全，他知道怎麼做是真正的冒險，他更知道怎麼做才能有效地避險。

富人敢於投資不確定性的背後，其實是把所有注意力都放在了如何避險上，而不是如何冒險上。

很自然地，為了避免未來較大的損失，富人往往會尋找安全邊

第三章　我們為什麼總是窮
二、賺錢先「換腦」

際，以便為不準確、壞運氣或是邏輯上的錯誤留下緩衝地帶。由於賺錢或投資是一項無法精確的藝術，未來是不可預測的，難免會犯錯誤，所以可以在安全邊際建立一道緩衝牆。

別人也許會對你敢於冒險的勇氣大加讚賞，而你卻要知道，勇氣從來都不應該是需要自我證明的東西，只有愛面子的人才需要證明自己的勇氣。他們不懂的是，雖然一時的面子保全了，他們卻早已成為被時間碾壓的對象。

在我看來，風險是指事物的不確定性，本身是一個中性詞，沒有褒義，也沒有貶義。賺錢和投資首先要學會風險控制，這應該是整個過程中最重要的部分，甚至是第一目標。這個東西僅靠別人的耳語面授永遠不夠，要靠自己學習和累積才行。

為什麼很多人看起來一輩子倒霉？實際上，所謂的倒霉是有原因的──他們對風險的認識是錯誤的。例如，動不動就把自己的全部身家賭進去，期望一夜暴富。在股市裡那些「七虧二平一賺」中屬於「七」的人，總是因為怕自己賺得少而拿出全部身家（甚至借錢加槓桿），最後被無情地「收割」。

另一個容易被人忽視的問題是，從本質上來說，所謂窮人思維與富人思維，都不過是風險管理思維，也是基於各自現實的思維。

用有錢人的思維賺錢
最輕鬆的投資入門，甩開定存的吃土人生

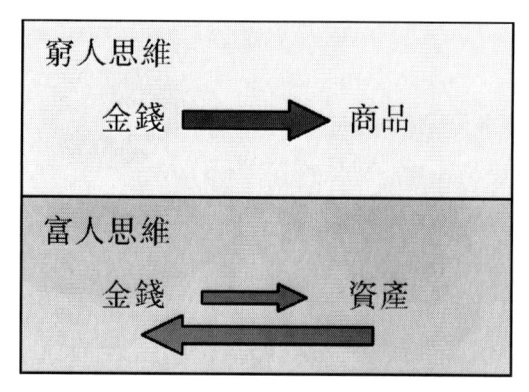

```
窮人思維
   金錢  ━━▶  商品

富人思維
   金錢  ──▶  資產
         ◀━━
```

窮人思維 VS 富人思維

　　舉個例子，老齡化社會的加速來臨，催生出養老產業成為一個巨大的市場機會。一些大企業正在佈局市場，初始投資從數百萬元到數十億元不等。

　　一個月薪 10 萬元的公司管理人員，經過自己細緻的思考分析，也發現了這個風口。多年的工作累積，讓他擁有了 300 萬元的存款。他敢於辭職轉身投入這個未來潛力巨大的市場嗎？雖然沒有幾千萬元，但是 300 萬元的本金，加上從朋友、銀行等管道借貸籌措，也是可以勉強起步的。

　　但他不敢，他害怕投資失敗，猶豫了一段時間後，最終選擇回去老老實實地上班，放棄了這個機會。

　　究其實質，對於未來的投資，富人和窮人同樣都要面臨風險，但是對於這個公司管理人員來說，他需要承擔損失全部投入的巨大風

第三章　我們為什麼總是窮
二、賺錢先「換腦」

險，一旦失敗了就可能「一夜回到解放前」。作為一個理性的人，這個風險是絕不能去冒的。

而對於富人來說，思考邏輯是這樣的：現在手上有 10 億元閒置資金，不能等它因通貨膨脹而貶值，需要立刻把錢流動起來，加之這個行業爆發的潛力可期，風險也是可控的。先投資 5 億元嘗試一下，如果後期市場快速擴張，再追加 5 億元或者更多。

在管理好風險的前提下，富人把錢當資源，以錢生錢；窮人把錢當消費品，用錢滿足基本需求。富人帳戶上有餘錢，於是就去考慮投資了，而窮人的儲蓄都是用來「救命」的，可能走不到「考慮投資發展」階段就偃旗息鼓了。事實告訴我們，在賺錢和投資過程中，不能因為「井繩心理」而畏懼不前，只要學會控制好風險，仍然能夠賺取符合預期的、合理的回報。那麼如何控制不確定性的風險呢？

① 這筆錢將來有什麼用途？不同的需求可以承受的風險是不一樣的，最好是能夠給這筆錢判個「無期徒刑」。

② 這個風險自己是否能夠扛得起？例如投資的是債券、貨幣基金或者指數基金，因為風險系數小，那麼從大機率上講是可以衡量風險的。

③ 假設最壞的情況發生，對自己會造成什麼樣的影響？一旦最壞的情況發生，有沒有止損的防範措施和應急救援方案？

實際上，不僅賺錢和投資如此，生活中任何事情都有風險，如果我們學會了防範和控制風險，就會採取完全不同的策略去思考

用有錢人的思維賺錢
最輕鬆的投資入門，甩開定存的吃土人生

和行動。

除了用錢賺錢，學習投資的另一個必要性是能夠在生活中用一種理性的態度、量化的方法看待和處理各種事情。所謂「投資即人性」，在這個過程中可以學到很多人生智慧，這份收穫有時比經濟上的回報更有意義。

第四章
怎樣賺取人生的第一桶金

用有錢人的思維賺錢
最輕鬆的投資入門，甩開定存的吃土人生

多收入少支出，這句話聽起來很普通，但你會發現，儲蓄其實是一件非常有趣的事情，而且是有意義的。

> 使你變得富有的是儲蓄而不是收入，沒有人能僅僅通過賺很多錢就變得富有。
>
> ——博多·沙弗

就像很多人都知道投資理財的終極目標，是實現財務自由。第一桶金這個詞，相信很多人也都聽說過，但是擁有多少錢才能稱得上第一桶金呢？10萬元？100萬元？還是1000萬元？

正如一千個人眼裡，就有一千個哈姆雷特，這個具體的金錢數字很難定義。大多數人都只有很模糊的概念，隱約中感覺這應該就是一大筆錢。

在通往財務自由之路上，這可是一個關鍵環節。我們先來梳理清楚幾個概念（第二章有過闡釋）。

主動收入：通過出賣自己的時間換取的薪水收入。

被動收入：除固定薪水以外的其他收入，如房租、利息、股息、版稅、外快等。

財務自由（最低標準）：被動收入大於生活總支出。

資本報酬率：通過投資理財獲得的收入回報率，如銀行存款利率、基金收益率、資產回報率等。通常情況下，銀行的存款利率極低，並不足以抵消通貨膨脹所帶來的資產貶值。

第四章 怎樣賺取人生的第一桶金
二、賺錢先「換腦」

給大家分享一個簡單的公式：

第一桶金 × 資本報酬率 > 生活總支出

舉個例子：張三通過銀行理財產品、P2P平台、指數基金等投資管道，獲得了平均年12%的投資收益率（此處忽略通貨膨脹）。同時，張三每年的生活總開支是30萬元。

那麼對於張三而言，第一桶金的數額最少應該是：30÷12%=150萬元。

以上只是一個比較粗糙的計算方式，年12%的收益並不低。實際生活中，資本報酬率不是一成不變的，生活總開支也會發生變化。

另一個值得警惕的問題是，每年的通貨膨脹是不能忽視的，大部分投資理財產品都是跑不贏通貨膨脹的。

第一桶金，儘管說起來很簡單，真要達成卻並不容易，尤其對於年輕人而言，相對更難。

大家都已經明白，通過投資理財來最終實現財務自由的目標，是一條已被無數事例證明切實可行的路徑。只是，在這條道路上，大家總會遇到一個棘手的問題：第一桶金。

這是一道天然屏障。小A有存款1000萬元，年收益率10%就是100萬元，小B只有10萬元，年收益率30%也不過3萬元。本金不夠，收益再高也作用不大。

富二代、中樂透這些事情，都存在「幸存者偏差」，也不在我們的討論之列。對於兢兢業業上班的普通人來說，往往都是那些不起眼

用有錢人的思維賺錢
最輕鬆的投資入門,甩開定存的吃土人生

的小錢,最後匯聚成人生的第一桶金。也許不經意間,就構築起財富之路的起點。

第四章 怎樣賺取人生的第一桶金
一、要投資，先規劃

一、要投資，先規劃

　　我一直認為，建立認知框架和思維方式遠大於漫無目的的盲動。沒有規劃的人生叫拼圖，有規劃的人生叫藍圖。

　　換句話說，凡事謀定而後動，獲勝的機率大得多。

　　小A在上大學的時候，儘管父母給的生活費並不高，但除去那些必要的日常生活開銷，每月還是有不少結餘。於是他把每月剩餘的錢攢下來，去旅遊、買衣服、換手機，有時候還厚著臉皮向父母再要一筆生活費，沒有絲毫理財的概念。在這種慣性思維的驅使下，畢業五年多了，至今仍是「月光族」。

　　小B的家境不太好，在大學期間的生活費比小A幾乎少了1/3，但每月也有一些結餘。她很少買衣服鞋子，說乾淨整潔就好，更何況爸媽偶爾也會給她買新的，存下的錢幾乎都存在帳戶裡。並且，她還約同學一起接了三四個收入不錯的家教。畢業後，她考進了一個公務員單位，薪水也不錯，依舊保持著上學時的消費習慣。畢業四年多，她就自己頭期買了一套小套房。

　　在聽完講座後，小B跟我交流說，可能正是因為家境不好，她從小就見識了人情冷暖，懂得金錢的重要性，開始很努力地省錢、存錢，上大學後做家教、打工，並且把這些錢都存入了銀行理財等，從沒挪用過，以「滾雪球」的方式賺取了不少複利收益。

　　很多時候，投資理財其實並沒有想像中那麼困難，不是非得要

用有錢人的思維賺錢
最輕鬆的投資入門，甩開定存的吃土人生

有多少錢才能開始理財，而在於清楚地知道自己想要的生活狀態，思考財務如何支持我們實現這些目標，然後開始仔細制定規劃並付諸行動。

1. 制定規劃的意義

一說到理財，很多人就會自然想到要嘛投資、要嘛賺錢。實際上，理財的範圍並不局限於此，它是一個人貫穿一生的現金流的管理。投資理財從來都不是某一個時間段的工作，而是持續一輩子的事業，不管這個階段有沒有錢、有多少錢。所以，投資理財必須先有目標和規劃。有了目標，才知道往哪兒走；有了規劃，才知道怎樣走。

理財規劃其實是一件挺個性化的事情，因為每個家庭的狀況不一樣，每個人的性格差別較大，觀念、收入、資源等也不同，這些都決定了選擇理財方式的差異。但是，所有的投資理財又都有一些共性的東西，比如說一些基本原則和規律。雖然可能很簡單，但它們是已經被無數人證實過行之有效的財富處理方式。所以，掌握這些原則，也能讓自己和家庭的財富穩定，抗風險能力更高。

很多人剛畢業開始工作，賺得不多，花得不少，三五年下來，錢卻一點兒都沒存，每到月底就窮得叮噹響。這些現象背後的矛頭都指向了做事太缺乏規劃，沒有目標，更別說通過理財等賺取可觀收益了。

這些年的投資理財經歷，除了金錢，讓我獲得最大收益的，就是

第四章 怎樣賺取人生的第一桶金
一、要投資，先規劃

不管是工作還是生活，不管多大資金量的理財，都養成了做計劃、定目標的習慣。

① 有了理財規劃，每一步做什麼、要達到什麼目標、自己做理財配備行動是否有偏差都會一清二楚。

② 有了目標，才能強制性存錢，不會亂消費，慢慢就能節省很多資金。

③ 有了詳細的規劃和整體目標，可以根據變化隨時調整自己的理財方案，以適應最終的理財目標，達到預期。

④ 持續保持對理財的關注度，讓自己養成理財的習慣，並不斷實踐變得熟練。

特別提醒：理財規劃目標一定要切合實際。例如，你打算用 10 萬元的本金 3 年之內要變成 30 萬元，翻 3 倍，那麼你需要投資年收益率 66.7% 的理財產品。這個收益太高了，幾乎是不現實的。

每年都是一個新的起點，如果你一直都堅持記帳（這是一個好習慣）的話，在新的一年開始前翻開帳本，通過簡單的加減法，對前一年的收支進行復盤，以及檢查自己當前的財務狀況，對下一階段做出規劃安排。

一個可靠、有效的理財規劃應該包括：一個正式、可控的預算，符合實際情況的投資策略和獨一無二的個人目標。即使每個人的計劃有所不同，但一個合理的規劃都要符合這幾個原則：靈活性、波動性、保障性。

用有錢人的思維賺錢
最輕鬆的投資入門，甩開定存的吃土人生

具體來說，那需要多少錢才算財務自由呢？

有人說，當你的可投資資產大於家庭年支出 20 倍時，恭喜你，基本上可以算財務自由了。

假設這個說法成立，我們先來做一道算術題：

A 家庭一年的支出約為 125 萬元，即 125 萬元能基本保證一個普通家庭過上有品質的生活。20×125 萬元 =2500 萬元，即需要 2500 萬元的資金（無負債）就可以實現財務自由：將 2500 萬元投資於債券、基金、股票等，實現年收益率 12% 即 300 萬元，300 萬元用於支出，175 萬元用於抗通貨膨脹和擴大再投資。

考慮通貨膨脹和每年收益不均衡的因素，我們將財務自由門檻提高到 25 倍，再來算算：

① 家庭年支出為 125 萬元；
② 財務自由門檻為 25 倍，125×25 萬元 = 3125 萬元；
③ 通貨膨脹率為 3%，未來資金也以 3% 的靜態通貨膨脹率進行折現。

當然，制定規劃只是第一步，堅決執行下去才是最重要的。

2. 踐行規劃的三大要素

明白了制定規劃的意義，對自己財務自由的標準也心中有數之後，在踐行規劃時，有三個要素調控著財富增長的變化。

先來看看這個公式：

第四章 怎樣賺取人生的第一桶金
一、要投資，先規劃

總資產收益＝本金 × （1+ 收益率）時間

從這個公式裡你就能直觀地看出，如果想要享受高收益的總資產，可以從三個關鍵要素下功夫：本金、收益率、時間（計息期）。

在我看來，對於普通人來說，實現財務自由最重要的一個因素，不是第一桶金（本金）或者投資能力（收益率），而是：活得久（時間）。

只要你活得夠久，即使你的本金不多，每年賺得不多，最終你也有機會實現財務自由。

(1) 時間的力量

換句話說，這也是被愛因斯坦稱為世界第八大奇跡的「複利」。一點都不誇張，總資產收益是隨著時間呈現出指數增長的，投資的時間越長，複利的威力就越大。

巴菲特曾經說過：找一條足夠長的坡地，足夠濕潤的雪，就能讓財富滾雪球。這個滾雪球的道理，就是通過時間的累積，形成複利的力量。

就算沒有巨大的資金基礎和高額的盈利回報，但只要源源不斷地長時間投入，持之以恒的複利投資也能給普通人帶來不錯的收益回報。

假設你有 150 萬元的初始資金（這個應該不難），從 30 歲開始投資，平均年投資報酬率為 15%（含每年 3% 通貨膨脹率，下同），只

用有錢人的思維賺錢
最輕鬆的投資入門,甩開定存的吃土人生

需要 60 年的時間,你即可以擁有身家 10.6 億元,至少實現「兩個小目標」!

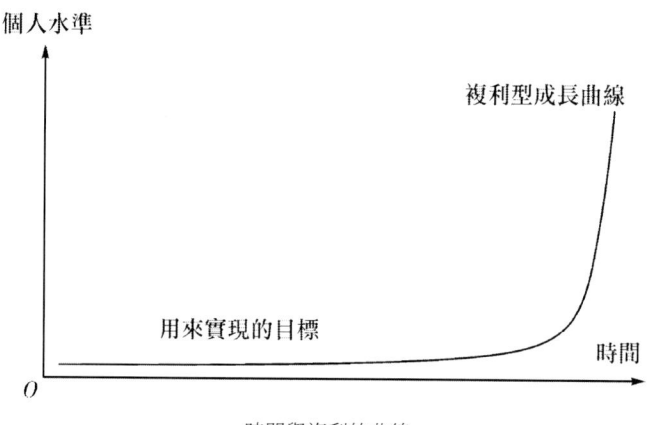

時間與複利的曲線

這還沒有考慮如果你處於事業上升期,可留存的投資金額逐年遞增,實現財務自由的時間將會被大大縮短。

即使每年的投資回報率為 10%,保持 150 萬元的初始資金不變,考慮複利放大的因素,60 年後你也可以擁有約 7500 萬元身家。如果其他條件不變,年收益率為 25%,則只需要 30 年時間,你即可成為億萬富翁。

看看下列表格,就知道時間(複利)累積的力量:

30 歲開始投資,年 15% 的收益率,則 60 歲能累積 899 萬元;如果年 20% 的收益率,則 60 歲能累積超過 16 億元。

第四章 怎樣賺取人生的第一桶金
一、要投資,先規劃

30 歲開始投資的複利收益

年齡(歲)	30 歲初始資金 30 萬元				
	年收益率 5%	年收益率 10%	年收益率 15%	年收益率 20%	年收益率 25%
30	30	30	30	30	30
40	37	59	93	144	219
50	45	116	289	693	1,601
60	54	228	899	3,332	11,693
70	66	228	2,792	16,016	85.411
80	81	449	8.670	76.986	623.897
90	98	1,738	26,928	370.061	4.557.336
100	120	3,420	83,634	1,778.818	33,289.663

註:

1. 假設通貨膨脹率為 3%。
2. 表中計算結果保留到個位。

如果從 25 歲開始投資,年 15% 的收益率,則 60 歲能累積 1320 萬元;即使年 10% 的收益率,到 70 歲也能擁有 525 萬元。

用有錢人的思維賺錢
最輕鬆的投資入門，甩開定存的吃土人生

25 歲開始投資的複利收益

25 歲初始資金 30 萬元					
年齡（歲）	年收益率 5%	年收益率 10%	年收益率 15%	年收益率 20%	年收益率 25%
25	25	25	25	25	25
30	28	35	44	55	55
40	34	69	137	263	494
50	41	136	425	1,266	3,605
60	50	267	1,320	6,088	26,335
70	61	525	4,100	29,262	192,368
80	74	1,033	12,733	140,657	1,405,176
90	91	2,032	39,547	676,116	10,264,292
100	110	3,997	122,826	3,249,972	74,976,871

註：

1. 假設通貨膨脹率為 3%。

2. 表中計算結果保留到個位。

截至 2018 年，現年 88 歲的股神華倫巴菲特，資產已經超過 1000 億美元。其中，僅僅最近 5 年，巴菲特的財富就增長了 450 億美元，平均每年增長 90 億美元，每天增長 2465 萬美元。

吸金速度驚人！而巴菲特財富累積中另一個驚人的事實是，他擁有的 99% 的財富，是在 50 歲之後才賺到的。巴菲特並沒有像一些網路新貴那樣，年紀輕輕就身價數億元、數十億元，相信他也不曾期待

第四章 怎樣賺取人生的第一桶金
一、要投資，先規劃

過一夜暴富，心態好應該也是他長壽的秘訣之一。

借助複利的力量，「活得久」的價值可見一斑。如果初始本金、投資收益拚不過別人，那就爭取比別人活得長。

(2) 原始資金的累積

投資需要原始資金的累積，換句話說也就是「第一桶金」。

先來看一則寓言故事：

阿爾卡德是古代巴比倫一個普通的年輕人，在一個圖書館做抄寫員。儘管每天長時間辛苦地工作，但他獲得的報酬卻少得可憐，因此常常過著入不敷出的日子。

後來有一天，阿爾卡德遇見了放債人奧佳米什，這個巴比倫的有錢人告訴了他一個辦法，即把收入的一部分存起來。

年輕的抄寫員不敢相信自己的耳朵，認為這並不是一個可行的辦法。但是奧佳米什強調，就是這個方法讓他從一個抄寫員變成放債人。

儘管持有懷疑，但阿爾卡德決心試一試。他努力省吃儉用，將每次收入的 1/5 強制性存下。沒過幾年，阿爾卡德就存到了人生的「第一桶金」。

這也正是這位後來被譽為「巴比倫最富有的人」累積財富的開始。

事實上，「儲蓄」是許多人實現財務自由的先決條件，也是最基本最簡單的理財方式。

用有錢人的思維賺錢
最輕鬆的投資入門,甩開定存的吃土人生

　　如果你現在只有 5 萬元的存款,就希望靠投資理財實現財務自由,這是非常不現實的。相反,你應努力工作,不斷地提升自己的專業技能,通過升職加薪增加薪水性收入,累積本金,同時利用一切時間學習投資理念和財務知識,並養成良好的理財習慣。

　　投資是一個催化劑,只有當擁有一定數量的原始本金後,它才能為你錦上添花。

　　例如,你最初的本金只有 10 萬元,30 歲開始進行基金、股市等投資理財,平均每年複合收益率為 20%,那麼你會在 70 歲也即 40 年後擁有 5339 萬元,實現財務自由。但 70 歲的時候是不是太晚了點?這肯定不是大多數人想要的。

310 萬元本金的投資複利收益

30 歲初始本金 10 萬元					
年齡(歲)	年收益率 5%	年收益率 10%	年收益率 15%	年收益率 20%	年收益率 25%
30	10	10	10	10	10
40	12	20	31	48	73
50	15	39	96	231	534
60	18	76	300	1,111	3,898
70	22	76	931	5,339	28,470
80	27	150	2,890	25,662	207,966
90	33	579	8,976	123,354	1,519,112
100	40	1,140	27,878	592,939	11,096,554

　　註:

第四章 怎樣賺取人生的第一桶金
一、要投資，先規劃

1. 假設通貨膨脹率為3%。
2. 表中計算結果保留到個位。

換一種思路：如果我們在30歲之前努力工作，將自己的原始本金提高到30萬元，結果會怎樣呢？我們在60歲的時候，就能累積到接近900萬元的資產，60歲退休貌似還不錯。

某種意義上，人生其實是不公平的。對於含著金鑰匙出生的「富二代」來說，他們擁有包括父輩在內的人脈、資金、資源等，可能在年紀輕輕時就賺取了絕大多數人羨慕的第一桶金。

例如，30歲就有100萬元現金（現實可能遠不止於此），他們不靠繼承大筆的財富，僅以自己每年20%的複合收益率計算，50歲時就能擁有2311萬元的財富。

那如何提高每年的可投資本金呢？一方面，我們可以改善自己的收入狀況和消費支出結構；另一方面，我們可以養成細水長流的良好存錢習慣。

總之，第一桶金可以稱為財富之路的起點，你越早存下第一桶金，未來致富的機率也會越大。在後面的章節中，我們會重點介紹一些方法。

用有錢人的思維賺錢
最輕鬆的投資入門,甩開定存的吃土人生

100 萬元本金的投資複利收益

30 歲初始本金 100 萬元					
年齡(歲)	年收益率 5%	年收益率 10%	年收益率 15%	年收益率 20%	年收益率 25%
30	100	100	100	100	100
40	122	197	311	481	730
50	149	387	965	2,311	5,336
60	181	761	2,996	11,106	38,976
70	221	761	9,305	53,387	284,704
80	269	1,497	28,900	256,622	2,079,656
90	328	5,795	89,760	1,233,536	15,191,122
100	400	11,399	278,780	5,929,394	110,965,544

註:

1. 假設通貨膨脹率為 3%。

2. 表中計算結果保留到個位。

(3) 收益率的提升

如果每年的投資收益率達到 8%,70 年裡每年投入 7 萬元,最後我們的帳戶裡會多出 7741 萬元。

這個收益率,其實就是我們財富增長的放大鏡和加速器。幾乎任何投資,都是需要一個合理的預期收益率的。

也許有人會說,如果我們的原始資金不夠,那我們可以通過努力把收益率提高就好了。我只能說,想法是好的,但收益率真要增加一個百分點都會很困難。相反,收益率每提高一個點,往往就意味著增

第四章 怎樣賺取人生的第一桶金
一、要投資,先規劃

加 10% 的風險,很可能到最後收益沒獲得,本金卻損失掉了。

先來看看投資大師們的收益率:

華特‧許羅斯,47 年,年收益率 20.09%。

班傑明‧葛拉漢,30 年,年收益率 20%。

華倫巴菲特,46 年,年收益率 22.3%。

喬治索羅斯,29 年,年收益率超過 30%。

戴維斯家族,47 年,年收益率 23%。

在投資規劃中,如果你試圖在較長時期內把預期年收益率提高到 25%、30%,除非你認為自己的投資能力遠超這些世界上頂級的投資大師,否則請盡早放棄這種不切實際的幻想。這也從一個側面證實,那些告訴你年收益率超過 30%,甚至每年翻倍的投資產品,基本上可以確定是一個顯而易見的騙局。

如果你屬於保守型的投資者,抗風險能力較弱,對投資的預期收益率低於 10%,那就沒必要投資如股票、期貨這些風險大、波動性高的品類,通過貨幣基金、債券、指數基金等,就可以輕鬆實現預期收益。

因此,當我們進行投資時,事先應對收益率有一個合理的預期,比如說 10%~20% 是一個相對可行的選擇(這個區間也是 A 股正常的本益比倍數)。要將這個區間的收益率每提高一個百分點,都需要付出極大的努力。

我們還是保持以 30 歲、30 萬元的初始資金和假設年通貨膨脹率

用有錢人的思維賺錢
最輕鬆的投資入門,甩開定存的吃土人生

3% 來計算,看看不同的收益率對實現財務自由的影響:

① 年收益率 10%,到 70 歲時才獲得 228 萬元的資產,你還剩下多少時間?
② 年收益率 15%,到 60 歲時便可以累積 899 萬元的財富,看著似乎不錯;
③ 年收益率 20%,到 60 歲時就能夠擁有 3332 萬元的資產,實現財富自由了。

關於收益率的提升,在本書後面的章節中,我們會重點介紹各種投資品類,你可以根據自己的資產、家庭、工作等情況,進行適合自己的投資組合的資產配置。

在通往財務自由之路上,需要原始資金累積(努力工作賺取第一桶金)+ 合理的收益率(10%~15%)+ 足夠長的時間(複利的力量),這三個要素都不簡單,因此只有少數人透過足夠的努力,才能最終獲得財務自由。

二、學會聰明地花錢

賺錢是能力，花錢是智慧。

古語有言：「君子愛財取之有道，用之有方。」比爾蓋茲也曾經說過一句話：「巧妙地花一筆錢和賺到這筆錢一樣困難。」

你難免會產生疑問：這世界上只有不會賺錢的人，哪有不會花錢的人呀？那可未必。因為我們的錢總是有限的，而需要買的東西實在太多了。

從小我就聽父母說賺錢不容易，要學會省錢。尤其是在家裡發生一場大的變故後，經濟狀況愈加糟糕，父親養雞、開雜貨店，一點一點地存錢，為了一點利息，每每有些結餘就去銀行存定存。在這種氛圍裡，我也學會了存錢節儉，並且從高中開始寫稿賺錢。從小到大，養成了自律的習慣，不亂花錢，能很好地管理自己，尤其是自己的消費慾望。

工作後賺錢了，省錢的習慣也沒有改變。例如，1000元左右的鞋子，穿著也不錯，何必買幾千上萬元的呢？然後也就很自然地接受了廉價的東西。我曾經在淘寶上買了不少衣服、鞋子，穿不了多久就開始落線、掉幫，於是又買了一些。結果發現，這些便宜的東西看似節省，其總價卻不會低於一件好東西，還成為棄之可惜的「雞肋」。

同樣的道理，那些看似撿便宜的過期的營養品、很快就淘汰的電子產品，它們只是在白白地浪費錢，並沒有給生活帶來愉悅，更別說

用有錢人的思維賺錢
最輕鬆的投資入門，甩開定存的吃土人生

因此而產生任何收益。

那些住著豪宅、開著名車的有錢人，或者工作光鮮、薪水豐厚的金領一族，賺得多就不會窮嗎？

拳擊史上最年輕的拳王泰森，在他 20 多年的職業生涯中賺了至少 5 億美元，後來卻破產了。擁有一雙令對手膽寒的鐵拳，為什麼卻掌握不住自己用血汗換來的金錢，使自己陷入財務危機呢？

首先是經紀人唐金，在泰森身上榨取了巨額的利潤，以至於泰森的收入跟不上消費；其次是泰森的第二任妻子莫妮卡，她奢靡的生活方式，浪費了泰森大量的金錢；最後便是打官司產生的巨額訴訟費。

一個身價 5 億美元的拳王，在不懂花錢和缺乏理財規劃的情況下，變成一個窮光蛋。而我們每個月只有幾萬元或是一二十萬元的收入，陷入財務危機太正常了。

所以，想要避開財務困境，僅有高收入也同樣不能解決問題。不會賺錢不是你的錯，但對錢不負責就是你的不對了。

金錢就像愛人，你愛它，它才會愛你。因此，在稍不留神就會掉入「坑」裡的情況下，用聰明的消費觀念武裝自己，就是非常有必要的了。

1. 不買低效用的東西

你有沒有過下列行為：

換季打折搶購款式、顏色早就過時的衣服；

第四章 怎樣賺取人生的第一桶金
二、學會聰明地花錢

周年慶時瘋狂囤積那些占地方的沐浴乳、衛生紙；

為了多穿兩年，給孩子買的都是寬鬆不合身的衣服

在生活中，我們總是聽到人說：又花了一筆冤枉錢，買了一堆廢物回家積灰。或者，有人剛發了薪水，2/3 就馬上拿去還了信用卡，剩下大半個月勒緊褲腰帶過日子，要嘛又拚命刷卡，惡性循環周而復始。

怎樣判斷一個東西有沒有價值呢？理財師簡七提出過一個考量的方法——好東西法則，即把你對一樣東西的相對喜歡程度從 1 分到 5 分劃一個標準，然後用這個分數乘以你每月使用的頻率，所有低於 10 分的，都可以根據具體情況考慮丟掉。

所謂花錢消費，就是指「為了滿足慾望而消耗資產、服務」的行為。通俗地說，如為了解嘴饞去買零食，為了填飽肚子去大吃一頓，為了讓自己變得更漂亮去買化妝品，等等，這些出於自己的慾望而花錢的行為就叫消費。經濟學裡把這種情感的滿足程度叫作「效用」。

如果效用大於物品價格，那我們可以毫不猶豫地買下；如果物品價格高於效用，則這是一筆不划算的買賣。當然，這個判斷比較個性化，因為每個人的感受和需求不一樣，所以不能一概而論。

每個人，對同一件商品的喜好程度是不同的，那麼商品的效用也就不同。這個容易理解。

另外，一件物品的效用也是會發生變化的，如再好吃的零食，吃多了也會覺得膩味。這便是「邊際效用遞減規律」。

用有錢人的思維賺錢
最輕鬆的投資入門，甩開定存的吃土人生

　　實際上，學會聰明地花錢，也是為了在購買之前養成思考的習慣，避免衝動購物。例如，一件東西的使用頻率低，很可能這件東西對你來說真正的意義並不大。

　　時間久了，也會慢慢養成習慣，總結出屬於自己的、一套令自己每次花錢都覺得很值得的方法出來。

　　也許有些習慣了亂買東西的人會感覺憋屈：買個東西之前還要想這想那的，累不累？沒辦法，想要有所收穫就必須有所割捨，魚和熊掌不可兼得，不動腦子亂花錢是沒法避免買到不必要、低效用的東西的。

　　無數事例告訴我們，只聽從慾望的下場通常很慘。

　　換一個角度來說，與其將就，不如講究。如果是使用頻率高的物品，為什麼不替換成一個更物美價廉的同類產品呢？

　　例如，家裡裝修的時候，在購買插座、開關、馬桶以及電器家具等物品時，盡量要選擇高檔的，所謂一分錢一分貨，一般來說舒適耐用方面都是價高者勝。小家電則要符合自己的生活習慣，如豆漿機、水果榨汁機等，若使用頻率極低則無異於浪費閒置了。

　　減少購買「爛東西」，如淘寶上買的那些廉價衣服，它們的總價其實並不會低於一件好衣服。而且，在衣著方面，我們也要穿出自己的氣質，使每天做事的效率和幸福指數飆升。

　　不買低效用的東西，一方面可以提醒自己思考自己的消費是否合理，另一方面還可以為購買真正需要的、有品質的物品騰出更多的心

第四章 怎樣賺取人生的第一桶金
二、學會聰明地花錢

理和物理空間。

2. 學會有經驗地省錢

花錢大家都會，省錢大家也都理解，但什麼是有經驗地省錢呢？

仔細觀察一下，我們身邊很多人為了省一點錢東奔西跑，貨比七八家，不僅容易導致選擇困難症，而且做了過多耗費自己精力的事。

例如，你在四五家商場逛了五六個小時，辛苦地買下了全市價格最低的一款口紅，給自己省下了 50 塊錢，還為自己的聰明才智高興了 30 分鐘，但是卻忘了自己每個小時的收入是 200 元。這，真的值嗎？

所以，這個「有經驗」，其實是想告訴大家花錢的時候需要節省，但得根據自己的實際情況或者生活習慣掌握一些必要的省錢方式，不需要一味追求省錢，畢竟我們的時間和注意力也是非常寶貴的。

學著去掌握一些必買物品的有效時間點是最簡單的，比如說你知道常去的超市什麼時候買菜最新鮮，買衣服的門店什麼時候會有打折，汽車 4S 店什麼時候保養有優惠，等等。

既然賺錢不容易，那為什麼不在花錢的時候累積些經驗來省錢呢？

(1) 機會成本

從機會成本的角度來說，我們應清楚地知道獲得一種東西要付出的代價是什麼。當然，有些東西是無法直接衡量花銷是否值得的，那

用有錢人的思維賺錢
最輕鬆的投資入門，甩開定存的吃土人生

就可以嘗試替換成其他東西。例如，把錢換算成時間，我們為某個東西花的錢，可以折算成幾個小時或者幾個月的薪水。

(2) 太相信自己

一般來說，我們的消費行為，往往都是根據過去的經驗來不斷重複。例如，很多人每天都花一百多塊錢買星巴克的咖啡，當這個行為形成了慣性，就會產生本能的消費衝動。

其實，應該停下來想一想，反思一下自己的習慣。例如，只是為了在跑步機上一邊玩手機一邊走一個小時，真的值得你費勁地找停車位去某家健身房嗎？還不如戴上口罩在社區內散步。還有，家裡幾乎從來不用的固定電話，真的值得去交電話費嗎？

(3) 信用卡或手機轉帳

儘管我們都崇尚簡單，但不要用最簡單的方式付錢，這樣你就會感覺不到花錢的心痛。用現金支付，至少能讓你思考一下所做選擇的價值以及機會成本，也會強制性地讓你在買東西之前再想一想，這個錢到底該不該花？

如果你使用現金消費，讓自己在數錢的時候慢下來，可能大腦的神經組織就會例行思考是否值得消費，而不是由大腦主要管理情緒的「杏仁核」直接下達指令。

(4)「撿便宜」

「撿便宜」幾乎是每個人都有的習慣性思維，一旦聽說商場優惠促銷或者「周年慶」打折的時候，大多數人都按捺不住自己的錢包，

第四章 怎樣賺取人生的第一桶金
二、學會聰明地花錢

被裹挾著「強制性」消費。碰上這種情況，你要考慮的不是原價多少錢，或者省了多少錢，而是應該想一想自己真正要花多少錢？

例如，買一件漂亮的風衣，原價是 1500 元，打 6 折之後是 900 元，不是省了 600 元，而是花了 900 元。再如，基金機構都會收取 1% 的管理費，看起來毫不起眼，但如果每次交易都收取 1%，數年下來的費用將是很可觀的一大筆錢。

3. 花錢的原則：資產 > 負債

所謂資產，就是那些能為我們不斷帶來正收益的東西，而負債則是從你的口袋裡源源不斷地往外拿走利益的東西。擁有資產才是「錢生錢」的根本，這也是我們在投資時首先會考慮到的因素。

資產包括：

① 流動資產，如現金、存款、貨幣基金、短期債券及其他短期金融資產；
② 非流動資產，如不動產、股票、長期債券及其他長期金融資產；
③ 表外資產，如時間、創造價值的能力、積攢的人脈等。

比如說房屋出租，每個月我們都能收到 15000 元的租金，這個租金就是資產帶給我們的現金流，源源不斷地放入我們的口袋，這就是資產。

負債包括：

① 流動負債，如信用卡欠款、短期消費貸、股票融資、短期疾病、

用有錢人的思維賺錢
最輕鬆的投資入門，甩開定存的吃土人生

短期私人借款；
② 非流動負債，如房貸、車貸、長期私人借款、贍養老人、撫養子女；
③ 表外負債，如欠下的人情、未來的疾病、突發的意外事件等。

比如說每個月繳納的水電氣費，它源源不斷地讓我們的錢從口袋裡流出，我們就可以把它理解為負債。

對於大多數人來說，主要收入都是薪水。每個月領取之後，就得立即支出，如買食品、交按揭、買衣服，還有各種娛樂、交通、通信等費用，扣除之後所剩無幾。

收入高一些的中產階層，扣除日常消費之後留有一些結餘，為了追求生活品質，就會通過銀行、保險公司、支付寶等貸款，去買更好的房子、車子、電視、手機、服務、旅行等，負債越滾越多。

富人每個月也有收入和支出，但他們還有一項叫資產。各種各樣的資產會帶來收益，如房租、公司分紅、股票收益、專利產品的授權使用費等，通過資產不斷產生現金流，一部分流入收入項，另一部分還可以繼續買入更多的資產。

隨著資產量不斷提升，當資產項帶來的現金流收入大於支出所需要的費用，這就實現了最初級的財務自由。

大家更熟悉的，可能是負債。所有一旦買回來就貶值的東西，都可以視為負債，包括衣服、奢侈品、手機、電視以及汽車等，都是負債。

第四章 怎樣賺取人生的第一桶金
二、學會聰明地花錢

這一類消費，我們在花錢之前就應該要想明白。未來不會給我們帶來現金流收益，反而成為負債的東西，千萬不要買。

那些深陷財務危機的人，或者一輩子陷入「老鼠賽跑」遊戲的人，多半分不清楚資產和負債。

他們一輩子辛苦工作，不斷地增加收入，然後買豪宅、豪車、奢侈品，滿世界旅行等，看上去很富有，其實是給自己的未來套上了枷鎖。

巴菲特著名的雪球理論說的就是資產的原理，所有的錢在最初可能都只是你手裡的一捧雪花，你需要把它團成一個小雪球，然後不停地尋找濕的雪，在一個長長的時間通道上滾動它，最終就會成為一個巨大的雪球。

我們花錢的原則，是根據我們的目標需要，只買以後越來越值錢的東西，同時考慮折現率和時間對價值的影響，從而讓花出去的錢更值錢。

4. 多為自己花錢

一提到投資，大多數人想到的就是買股票、基金、債券之類的金融產品。其實除此之外，還有一種更划算的消費型投資，那就是多為自己買單──投資自己。

我們講的投資理財，並不是摳門，更不是「吝嗇」，而是如何精明、理智地花錢，讓每一分錢能夠產生價值和回報。

用有錢人的思維賺錢
最輕鬆的投資入門，甩開定存的吃土人生

　　例如，去健身房游泳、鍛煉身體，使自己精力充沛，身體更健康；又如，有的女性購買高檔化妝品，可以保養皮膚，青春常駐； 還有的人在工作之餘，報了各種培訓課程，讓自己提升賺錢能力和職場競爭力，這些都屬於投資自己。

　　年輕的時候，我們都活成了別人期待的樣子，把所有的錢、聰明都堆積在表象上。後來才逐漸懂得，真正愛自己和內心的強大，其實是不需要虛榮心來裝潢的，舒適的品質才是根本。

　　看不見的地方，才是真實的模樣。

　　《格調》這本書裡曾說過，在真正看不見的上流社會的生活裡，完全沒有我們想像中的大牌奢侈品，他們會選擇花錢去定制自己喜歡的、真正舒適的東西。

　　在職場上，拿高薪的是什麼人？是擁有豪宅、開好車、已經身價豐厚的人嗎？不一定。人的價值，不是由他當前擁有的現金總額決定的，而是由他創造現金流量的能力所決定的。

　　最好的投資是投資自己，也就是讓自己變得更好，更加優秀。一個有能力的人，即使身無分文，只要他賺錢的能力還在，也可以再次賺到錢，東山再起。

　　人是經濟活動的核心主體，是能夠持續不斷地創造現金流量的重要資產，所以對人的「投資」，回報率最高。不管是什麼形式，只要在經濟活動中承擔責任，能夠通過投資、消費及工作持續創造現金流量的價值才是重要的。

第四章 怎樣賺取人生的第一桶金
二、學會聰明地花錢

　　如果一個人將培訓學習到的知識和技能,順利運用到商業活動中,就可以創造更多的現金流。

　　成長永遠比成功更重要。

　　成長是一種保持更新的狀態,不論你擁有多少才華或成就,你都需要不斷地修煉和進階,挖掘出更豐富、更有魅力的自己。

用有錢人的思維賺錢
最輕鬆的投資入門，甩開定存的吃土人生

三、儲蓄——告別「月光族」

「我每個月的薪水就那麼一點，吃飯、交通、話費、娛樂、買衣服、買化妝品哪一樣不要花錢呀，到了月底，哪裡還有錢去理財？」「工作兩三年了，銀行帳戶還是零資產。」在生活中，許多年輕人不管收入高或者低，銀行裡的存款卻出奇一致——不會超過 5 位數，而步入職場沒幾年的存款則大多不會超過 4 位數，還有不少人長期佩戴著「月光族」和「卡奴」的標籤。

每個月的信用卡帳單基本上與薪水持平，有的時候甚至比薪水還高。日常生活中，他們談論的不是讀書學習、提升自己，而是哪裡的衣服在打折，哪家的化妝品好用，以及說走就走的旅行。

自從有了信用卡、支付寶、通訊軟體後，支付變得更加方便了，出門需要購物只用手機就能搞定，花錢更是沒有感覺，但是看到每個月的帳單，想著下個月要還的錢，恨不得「剁手」！

毫無疑問，「月光」是大多數人在理財道路上遭遇的第一隻「攔路虎」。

如果花錢習慣不改變，就算再努力賺錢，到頭來也是一場空。

即使你收入再高，不知道存錢，依然是不會有任何積蓄的。或者說，存錢是為了在需要你拿出一筆錢的時候，不會為此煩惱，丟掉自尊，甚至可以「以錢生錢」。

第四章 怎樣賺取人生的第一桶金
三、儲蓄——告別「月光族」

1. 學會記帳

存錢的第一要義就是記帳。

通過記帳來控制自己每天、每月的開銷。這樣做的好處是弄清了錢都花哪兒去了。

每個人的情況差異較大，可以選擇適合自己的記帳方式，用筆記本，或者選擇一款好用的記帳 APP 都可以。現在有很多記帳類 APP，都可以自動統計收支比例，以及在每個類別上的支出比例。

月底，可以查看自己在吃飯上花了多少錢，在化妝品上花了多少錢，在 K 歌娛樂上花了多少錢，等等。一個月的花費都記錄在案，你或許就會發現自己可能在很多無所謂的地方浪費了很多錢。等到下個月的時候，就可以節約這些不必要的開支，把錢花在刀刃上。

不記帳，不做規劃，你可能會遇到這些問題：

①理財的項目記不住；

②自己的資產狀況不清楚；

③工作幾年下來沒有存款。

在一定程度上，記帳能夠幫助你梳理清楚這些問題，並且提供改善的依據。

記帳的目的，一是記錄資產，二是記錄支出。如果僅從行為上來說，記帳本身並不會讓你變得更加節省，但通過一筆筆的帳目，至少能幫助你隨時清楚自己的財務狀況。

用有錢人的思維賺錢
最輕鬆的投資入門，甩開定存的吃土人生

(1) 選擇合適的記帳方式

每個人的財務狀況都是千差萬別的，要根據自己的情況選擇合適的記帳方式，如紙質記帳、表格記帳、APP 記帳等。現在手機這麼方便，建議選擇用 APP 記帳，可以隨時將自己的消費詳情一筆一筆地記錄下來。

作為一款記帳 APP 最重要的一點就是簡單，如 Daily Cost 向下拖動「紙片」，就可以新建一條開銷記錄，細化的便簽能讓你的記帳更為條理化，清晰的月統計和周統計可以清晰地觀察開支走向。

有些 APP 支援與信用卡、銀行等帳戶同步，比較適合懶惰的用戶。

多功能類的 APP，還包含了基金、股票、網貸等豐富的種類。

(2) 定時記帳

定時記帳也可以稱為分時段記帳，能讓你省出很多時間，如對於線上消費，可以採取五天同步一次帳單的方法；針對現金消費，可以在每次取錢之後，馬上記錄，然後設定一個現金支出分類，在真正花現金的時候，就不需要每次都一筆一筆地去添加了。

不得不說，記帳是一件很瑣碎的事情，有時候一旦忙起來就可能忘掉了，但堅持記帳不僅可以鍛煉我們的耐力，更重要的是它能給我們帶來很多好處。

一是梳理自己的消費習慣，學會管理預算。

不少人的開銷幾乎是一筆糊塗帳，一旦看到喜歡的東西就買下，

第四章 怎樣賺取人生的第一桶金
三、儲蓄——告別「月光族」

根本就不知道自己在買衣服買化妝品買飾品上究竟花了多少錢，甚至很多東西還是重複購買。記帳後，你會立即梳理清楚在每一類物品上的花銷，並因此給自己設置每月固定的預算，買衣服的時候就會首先冷靜地想一想是否該買，是否應該把錢花在真正需要的地方。

二是瞭解可支配資產，為理財規劃打下基礎。

簡單地說，就是清點一下帳戶上哪些錢是餘額，可以拿去投資理財的，可以投資多久？把流動資產和非流動資產進行區分，把負債類項目提上還款的議事日程。學會理財，就是每一分錢都不應當被閒置，流動起來才能產生收益，如次月才需要償還的信用卡，可在此之前用於購買貨幣基金，還款日前幾天贖回即可，利用時間差賺取一筆小小的收益。

記帳是告別「月光族」的第一步必要動作，從形形色色的帳單中，我們可以清楚地知道自己辛苦賺來的錢究竟花在哪些地方了，清楚哪些是日常生活的必要開支和非必要支出，找出生活中的「慣性消費」因素，從而更加理性地量入為出。

2. 設定預算

記帳只是起步，是為了更好地做預算。而預算是一個被 90% 的人忽略的問題。

預算也可以稱為規劃，就是根據以前的花費進行盤點，制定出一個可供開銷和儲蓄的計劃，尤其是在我們沉浸於膨脹的購物欲時，預

用有錢人的思維賺錢
最輕鬆的投資入門，甩開定存的吃土人生

算會給我們一個很好的提醒和約束，從而在一定程度上抑制過分膨脹的物欲。

很多人都有過這樣的疑惑：我沒有買什麼亂七八糟的東西呀，為什麼每個月的開銷這麼大？逛個超市，買的都是生活必需品呀，怎麼幾千塊錢就沒了？等等。

如果做了第一步記帳，一看帳目中的這個是必需的，看帳目中的那個也是必需的最後可能得出結論：我挺節約的，沒怎麼亂花錢，都是一些必需品呢。

實際上呢？很多人都沒有明確清晰地想過消費時「必要」「需要」和「想要」的概念。這恰恰是需要通過做預算來逐一進行排除的，進而控制消費慾望。

必要：維持基本生活所需的東西，如衣食住行的必需品，沒有它你會很困頓潦倒的那種。

需要：在必要的基礎上進一步滿足生活和情緒的需求，追求一定的舒適度。例如，吃一個饅頭可以飽腹，但是去吃了一碗麵；住一個雅房足夠安身，但是卻買了一室一廳帶獨立廚衛的套房。單間是必要，套房就是需要。

想要：基本上可以定義為不必要的花銷，追求炫耀性的奢侈消費。例如，不想吃饅頭，也不願意吃麵，只想去吃一頓豪華大餐；嫌棄雅房太狹小，一室一廳帶獨立廚衛的套房位置不好，最後挑選了一個高級公寓帶精裝修的三室一廳。

第四章 怎樣賺取人生的第一桶金
三、儲蓄——告別「月光族」

另一種情況也比較常見，有些粉領族每個月會定時ＳＰＡ、手足保養，或者跟閨蜜喝一個下午茶，好像花的都是小錢，單筆消費沒感覺，累積起來3萬元的薪水早已花得差不多了。

經濟學上有個名詞叫「拿鐵因子」，意思是說有些支出看起來並不起眼，日積月累卻是很大的一筆費用，講的就是這種現象。

每個月初做預算時，首先要懂得「取捨」，哪些是真正值得花的錢。然後，在生活中堅持「必要」，維持基本的生活需求。但只堅持「必要」會很辛苦，像一個清教徒似的。偶爾滿足「需要」，給自己一點獎勵是很合理的。杜絕「想要」，在付款之前，先冷靜地問自己一個問題：不買會死嗎？不要被衝動和攀比性的消費慾望所控制。

小祕訣：可以畫一個表格，把所有的消費預算都一一羅列出來，分別歸類到「必要」「需要」和「想要」這三欄，究竟哪些錢不該花，立即就能一目了然。

3. 把收支交換位置

針對每個人的差異情況，首先問自己四個問題：
①每個月的必要開支有哪些？
②每個月的非必要花銷有哪些？
③每個月的偶發支出可能有哪些？
④每個月的儲蓄有什麼安排？
千萬別忽視了這幾個小問題，它們可都是你成功告別「月光族」

用有錢人的思維賺錢
最輕鬆的投資入門，甩開定存的吃土人生

的路線圖，如果想清楚了，就會對自己的財務狀況越發清晰，並將預算做得更科學。

然後就是具體的分類。每個月按時領取薪水後，如何分配比例才是合理的呢？

日常的必要支出：占收入的50%。如果這部分占比超過70%，情況就不太妙了，必須得努力提高自己的薪水水準。

非必要支出：占收入的10%。

偶發性支出：占收入的20%。

長期儲蓄：占收入的20%。

例如，一個月的收入是1萬元，那麼相對應的分配是：5000元用於滿足日常生活的必需開銷，如最基本的衣食住行、房貸還款等；1000元用於非必要支出，如購買一件衣服，或者看一場電影等；2000元用於偶發性的必要支出，如孝敬父母、結婚送禮、醫療費用等；2000元的結餘用於存儲，如購買債券、貨幣基金、指數基金、股票等。

請對號入座，對比一下自己的花銷結構，有沒有因為隨意消費而導致超支的部分？

這樣一個大致的輪廓出來後，那就是花錢的順序。大多數人是這樣的：

收入－必要支出－非必要支出－偶發性支出＝儲蓄，也就是所有花銷之後的結餘用來存儲。現在很多年輕人都是採用先花再存這種方

第四章 怎樣賺取人生的第一桶金
三、儲蓄——告別「月光族」

式,然後想存錢的時候已經花光了,這也是月光族的窮人公式。

而有理財意識的人,先把應該存下來的錢強制性存儲,然後再放心地去花錢。

收入－必要支出－存儲＝非必要支出。必要支出是必須要花的,而且生活品質還不能降低,然後就是存儲。錢是規劃出來的,這就是富人公式。

其實,即使是必要支出部分的花銷,也有很多聰明的辦法進行節省。例如,你經常去一些小餐館吃飯,可以嘗試著自己在家裡做,不僅會省下不少錢,而且吃得也更健康。再如,距離上班的地方只有一兩站路程,那就選擇步行吧,鍛煉身體的同時還可以享受很多樂趣。

科學的設定預算是成功的第一步,預算不能定得太高或太低,一定要根據自己的實際生活情況來。

年輕人如果想在未來擁有財富,現在不刻意做安排,減少不必要的開銷,就真的很難擁有和留住錢,更別提以後實現財務自由了。

有句話說: 大道至簡。其實理財也是一樣的,只是把支出和財富交換了一下位置,就產生了本質上的不同。

4. 存錢,是一種習慣

我們往往錯誤地認為,「等以後我的收入提高了,一切就都可以改善了」。然而事實是,我們的生活成本不斷增加,消費慾望會升級,提高生活品質的訴求一直存在。

用有錢人的思維賺錢
最輕鬆的投資入門，甩開定存的吃土人生

生活不受限制，隨心所欲只是一種理想狀態。
(1) 先存錢，後消費
無處不在的廣告隨時都在鼓吹超前消費，仿佛儲蓄已經落伍不再流行了。但如果我們一味地追逐高消費，抵擋不了高消費慾望的誘惑，把辛苦賺來的錢揮霍掉，恐怕會自食其果而很快進入被動的財務困境。

巴菲特曾經說過，自己成功的秘訣很簡單——就是儲蓄、投資，然後再儲蓄、再投資。累積財富，只要做好這兩件事而已。

2018 年，巴菲特的身價已達 919 億美元。儘管如此，他依然住在 1950 年代用 3 萬美元買來的老房子裡，家裡的電視機、冰箱、沙發都已用了多年。小兒子皮特巴菲特說：「如果你今天走進家裡，你會看到我在 1965 年看到的同樣場景。」

古巴比倫最富有的人阿爾卡德，給學生的第一個建議就是，每個月存下自己收入的 1/10。學生表示，自己賺的錢不多，剛剛夠花，存不下錢。阿爾卡德是這樣回答的：

每個人賺的錢並不是同樣多的，家庭負擔也不一樣，可是呢？你們都花光了。由此可見，問題並不在於收入的多少，而是在於你們並沒刻意地控制自己的支出。

如果想要存下錢，就要按照比自己收入低一點的生活水準來生活。因為我們的生活需求總會隨著收入的增加而提高，如果不刻意控制，我們賺的錢都永遠只會「剛剛夠花」，甚至不夠花而通過其他方

第四章 怎樣賺取人生的第一桶金
三、儲蓄──告別「月光族」

式透支。

因此,儲蓄不應該是等到每個月結束時,將花剩下的錢存起來,而是在每個月拿到薪水後,先存下 1/5,剩下的錢再用於日常開銷。也就是前一節所列公式:

收入－儲蓄＝支出

狠下心吧,就當作自己每個月只賺了那 4/5 的錢,絕對不動用存下的 1/5 的錢。也就是:先儲蓄,後消費。

不要小看了這個順序的變動,正是它改變了我們花錢的基數。打個比方,假設你一個月賺了 2 萬元,在「先消費,後儲蓄」的慣性思維中,你總會想著我有 2 萬元可以花,結果最後花光了,一分錢都沒有存下。

而在「先儲蓄,後消費」的模式中,你可能會想著我只有 1.6 萬元可以花,最後即使這 1.6 萬元都花光了,但你仍然存下了 0.4 萬元。一年下來,帳戶上就會多出 4.8 萬元的存款,如果再做一些存單、基金類投資,就更好了。

《巴比倫最富有的人》這本書裡講過一個叫達巴希爾的駱駝商人,他每個月只用 3/5 的錢來維持日常生活,1/5 的錢用來還債,1/5 的錢存下來。他每個月賺到的錢並不相等,有的月份多,有的月份少。在賺得比較少的月份,他只吃一些蔬菜來維持生活,只有等到收入好的月份,才會吃一些好的,或者購買一些衣服鞋子之類的生活用品。無論如何,他都守住一個原則,那就是:確定好可以消費和還債的錢之

用有錢人的思維賺錢
最輕鬆的投資入門，甩開定存的吃土人生

後，努力存錢！

儲蓄之所以重要，除了它可以作為賺錢的本金，更重要的是它作為一種習慣，能夠讓你感受到金錢累積的過程，培養良好的消費習慣。另外，儲蓄也會讓你學會投資中非常重要的理念：永遠不要讓你的本金損失掉。

孟格曾經說過：不要把簡單和容易混淆起來。儲蓄就是一件看起來簡單，做起來卻並不容易的事情。

(2) 存錢的五個訣竅

在第三章「農戶與金蛋」的故事中，「雞」代表資本，「金蛋」代表利息。沒有資本就沒有利息。大多數人將自己所有的錢花光，因此他們根本不可能得到「金蛋」。

博多・沙弗說，使你變得富有的是儲蓄而不是收入，沒有人能僅僅通過賺很多錢就變得富有。當然，儲蓄也還有一些小訣竅。

一是梯形存錢。利用投資定期產品進行強制儲蓄，將儲蓄投資資金平均放在不同期限的定期產品上。這種儲蓄方案，既有利於分散儲蓄投資風險，也有利於簡化儲蓄投資的操作。

例如，你有10萬元的資金，可分為2萬元、3萬元、5萬元三筆，分別投資1年期、2年期和3年期的定期存款。

1年後，期限最短的定期存款到期，就可以將本息取回，然後改為投資3年期。同時，原來期限次短（2年期）的定期存款，就變為最短的儲蓄投資品種，從而避免了急用錢的風險。這樣，你就有了3

第四章 怎樣賺取人生的第一桶金
三、儲蓄——告別「月光族」

筆定存，且未來每年都有一張存單到期。

這種梯形儲蓄方案，是一種非常好的保守型儲蓄計劃，即使第一年就需要急用資金，只需把3筆定存中的1年期取出即可，另外兩筆的收益並不受影響。

二是槓鈴存錢。這種方案是將資金集中在長期和短期的定期儲蓄品種上，不持有或少量持有中期的定期儲蓄品種。

長期的定期存款收益高，但流動性和靈活性比較差，而短期的定期存款卻恰恰相反。兩者正好互補，各取所長，最終形成一種合理的儲蓄投資組合。

三是複合存錢。這是一種存本取息與零存整取相結合的儲蓄方法。

如果你有一筆額度較大的閒置資金，可以選擇將這筆錢存為存本取息的儲蓄。在一個月後，取出這筆存款第一個月的收益，然後再開設一個零存整取的儲蓄帳戶，把取出來的收益存到裡面。以後每個月固定把第一個帳戶中產生的收益取出，存入零存整取帳戶。

這樣，不僅存本取息儲蓄得到了收益，而且其收益在參加零存整取儲蓄後，又取得了收益。

例如一筆10萬元的閒置資金，若是選擇存2年期，24個月都分別有一筆收益存入另外一個帳戶，再去產生收益。

四是五張存單法。為了獲得收益以及充分體現流動性，以防平時要急用，將一筆現金分成5份，一份做1年定期，兩份做2年定期，

用有錢人的思維賺錢
最輕鬆的投資入門，甩開定存的吃土人生

一份做 3 年定期，

一份做 5 年定期。等到 1 年後，1 年期定存到期，將其本息取出存為 5 年期定存。2 年後，兩份 2 年期定存到期，一份續存 2 年定期，一份將本息取出存成 5 年期定存；3 年後，3 年定存到期，將本息取出存成 5 年定期； 以此類推，4 年後，那份續存的 2 年定期也到期，將其本息取出存成 5 年定期； 最後一個 5 年定期繼續存 5 年定期。

五是十二月存單法。十二月存單法跟五張存單法類似，是指每月將一筆錢以定期一年的方式存入銀行，堅持一年，從次年第一個月開始，每個月都會獲得相應的定期收入。

這種方案主要針對白領階級，讓你避免在領到薪水後，將所有錢直接留在收益很低的活期帳戶裡，如果大量的薪水留在裡面，無形中就損失了一筆收入。

例如，你可以每月都將薪水收入的 20%，存個 1 年期定期存款單。一年下來，你就會有 12 張 1 年期的定期存款單。從第二年起，每個月都會有一張存單到期，若有急用，也不會損失存款收益。

若不使用，這些存單可以自動續存。而且從第二年起，可以把每月要存的錢添加到當月到期的存單中，重新做一張存款單，繼續滾動存款。

假如你這樣堅持下去，日積月累，就會攢下一筆不小的存款。因此，十二月存單法同時具備了靈活存取和回報兩大優勢。

讀完本章，是不是有點激動？那我們立刻開始行動吧。記住，養

第四章怎樣賺取人生的第一桶金
三、儲蓄——告別「月光族」

成良好的儲蓄習慣,其實也是在付錢給自己,可以幫助我們更好地實現理財目標。

用有錢人的思維賺錢
最輕鬆的投資入門,甩開定存的吃土人生

第五章
開始投資前最重要的事

用有錢人的思維賺錢
最輕鬆的投資入門,甩開定存的吃土人生

只要不貪婪、少冒險,賺到收益其實並不難。難的是,如何實現長期穩定的收益,這也是賺錢最重要的核心之一──合理的資產配置。

凡事應力求簡單,但不應過於簡單。

──阿爾伯特 愛因斯坦

讀了這麼多關於投資理財的基礎認知,是不是有點躍躍欲試的衝動?別急,在開始介紹具體的投資方法之前,不妨先做一下「熱身運動」,一些基本的原理必須要掌握。

幾乎每個人都希望自己辛苦賺來的錢,不要因為通貨膨脹而導致購買力大幅下降,持續貶值。如果能用它買點投資產品,不費力氣就可以「以錢生錢」,至少跑贏 CIP,該是一件多麼愉快的事情。

但從結果來看,我們以及身邊的很多人,在做投資理財時,真正實現了「以錢生錢」的,只是極少數。大多數的人,在投資這場馬拉松賽中,長期以來都處於尷尬的地位:運氣好一點的,是「偶爾賺過」;運氣差一些的,是「仍在虧損」投資,對於普通人來說,真就這麼難嗎?

在我看來,與其說挺困難,還不如說是因為我們對投資有很多錯誤的認知。例如,在沒有充分理解各種投資產品時,就急迫地把錢交給銀行、基金,或者聽了誰誰誰的建議匆忙買入一只股票。捫心自問,你知道這些股票是什麼情況嗎?你買的股票估值如何?

第五章　開始投資前最重要的事
三、儲蓄——告別「月光族」

　　這可是真金白銀啊,對自己辛苦賺來的錢太不負責了。如果你也選擇這麼做,怎麼可能賺到錢,怎麼可能不虧錢呢?

　　所以,本章我們將從一些簡單的問題,但也是投資前必須知道的最重要的事情入手,瞭解和梳理一下投資前最重要的事。

用有錢人的思維賺錢
最輕鬆的投資入門，甩開定存的吃土人生

一、收益率越高越好嗎

這是一個看似簡單的問題，錢自然是越多越好，收益率當然是越高越好。

「賺快錢」是很多人想通過投資理財達到的目的，但這個世界上，幾乎沒有什麼投資產品能讓你在短時間內發大財。那些虧損嚴重的人，大多抱著賭博的心態，結果自然很淒涼。

簡單計算一下，如果我們投入 100 萬元的本金，在不考慮通貨膨脹的情況下，年收益率為 10%，那麼我們一年的收益就是 10 萬元，折算下來每個月約 8330 元。這個數字對白領階級來說已算不錯了，但這個收益可是充滿不確定性的，而且還要付出時間、精力，承受風險。

如果買入銀行一年期的理財產品（風險低），按年收益率 45% 計算，每個月收益為 3750 元，也就是說，我們投資風險較高的產品所得每月收益只不過才 4580 元（8330 元－ 3750 元）。換一種角度來看，以月薪水 45800 元計算，若每月支出為 25000 元，那麼每月的結餘是 45800 元－ 25000 元＝ 20800 元，這樣的話，通過風險投資多出來的收益（4580 元）就接近薪水餘額的 25%。

進一步說，如果我們有 100 萬元的本金，按年收益率 10% 計算，每個月約為 8330 元，即使減去低風險的銀行理財產品收益 3750 元，每月收益為 4580 元，這個數字已經超過了不少白領階級每月到手的

第五章　開始投資前最重要的事
一、收益率越高越好嗎

薪水了。

所以,在這個投資過程中,本金扮演了重要的角色。當然,你也可以追求 15%、20% 及以上的收益率,但與之伴隨的風險也會越高。在我看來,長期年收益率 10% 的預期其實並不高,而且複利的威力非常巨大,就算投資收益只是多了幾個百分點,數年之後的差距也是不敢想像的。

也許,你曾經看到身邊有人的收益在某個特定時間內翻倍了,但這是不可複製也不可能普遍存在的,也是所謂的「幸存者偏差」效應,如每期樂透都有人中大獎,但為什麼這個人不是你呢?另一個錯覺是,人們傾向於誇大自己的收益,而對虧錢一般都是輕描淡寫或者諱莫如深的。

投資中有一個非常著名的資產定價模型公式:

預期收益率＝無風險收益率＋風險溢價

第一,無風險收益率的高低,將決定我們應該追求最低多少的收益率。例如,某批國債 3 年期的利率是 38%,5 年期的是 4.17%。這款產品適合老年人打理退休金,但對處於上升期的年輕人來說,這樣的投資封閉期限太長,收益太低。

第二,風險溢價決定了我們能夠追求的收益率的上限。這也印證了一句老話: 風險和收益成正比。為什麼說風險溢價決定了我們的收益呢?這跟我們能夠承受的風險程度密切相關。例如,你現在是人到中年階段,上有老下有小,風險承受能力肯定比年輕人要低得多。

用有錢人的思維賺錢
最輕鬆的投資入門，甩開定存的吃土人生

根據可承受風險能力列出：

保守型。對錢看得比較重，害怕虧損，那麼就適合選擇相對安全的產品進行投資，如貨幣基金、銀行理財、保險理財等，一般預期收益率為 4%~6%。

中等風險型。也就是虧損一點小錢可以接受，不會出現睡不著覺的情況，那麼可以適當增加一些指數基金、權益類資產投資，一般預期收益率為 5%~8%。

高風險型。這類投資者的資金相對寬裕一些，也能夠忍受投資波動起伏，甚至出現 20% 的虧損額度，那麼可以通過配置高比例的資金投資權益類資產上，如股票甚至商品期貨，從長期來看可以獲得平均年收益率 12% 甚至更多的投資收益。

另外，還有兩類人值得提醒：

一是單純追求高收益的投資者。他們往往會覺得 10% 以下的年收益率太低了，而不願投資。然後採取激進的投資方式，只投高收益的產品，如在根本不熟悉的情況下進入股市或者其他平台。最後可能不僅沒賺錢，本金還會受損。

二是只關注年收益率低的產品，卻又認為賺錢少而處於觀望狀態。他們往往不敢多投資，因為本金少自然收益就少，加上年收益率低，也就賺不了多少錢，可他們又覺得這點錢無所謂，不如持幣觀望呢，白白錯失了許多賺錢的機會。

所以，我們應該結合自己的實際狀況，預期一個心理目標，究竟

第五章　開始投資前最重要的事
一、收益率越高越好嗎

想投年收益率多少的產品？根據使用資金的情況，有計劃地合理分配自己的本金，設置為長期投資、中期投資和短期投資。

以個人經驗來說，複合年回報率在 15% 左右為一個正常的收益標準。任何投資理財產品如果告訴你年收益率超過 15%，請一定擦亮眼睛，別被貪婪所控制。知道了這個數字，那些高舉年收益率 30%~40% 的理財產品，幾乎可以視而不見，以免掉進血本無歸的陷阱。

在預期投資收益的時候，永遠不要忘記了背後的風險，也就是人們常說的：你貪圖別人的利息，別人惦記著你的本金。你見或不見，風險就在那裡，不增不減。

只要不貪婪、少冒險，賺到收益其實並不難。難的是，如何實現長期穩定的收益，這也是我們接下來要講的核心之一——資產配置。

用有錢人的思維賺錢
最輕鬆的投資入門，甩開定存的吃土人生

二、資產配置是穩健收益的核心

看到這個，很多人可能會想，不就是那句最簡單的——雞蛋不要放在一個籃子裡嗎，誰不知道呢。可是，你賺到錢了嗎？

問題的核心在於，你究竟懂到什麼程度，以及能否從知道變成做到，最終實現賺到。畢竟，賺錢才是硬道理啊。

既然股票比債券賺錢多，那就集中彈藥，把資金都投資在股市上。至於風險，分散開不就行了，自然不會把雞蛋放在一個籃子裡，買 10 支或者更多股票不就可以了？

但，這就是資產配置嗎？

1. 什麼是資產配置

真正理解資產配置，我們必須要先瞭解一個事實——所有的可投資資產，在長期來看，都有一個與眾不同的收益值與風險值。也就是說，在同樣的風險水準下獲取更高收益，或在同樣的收益預期下風險水準更低。

被譽為「全球資產配置之父」的加里布林森說：投資組合應該由不同類型資產的混合。混合的程度越高，所能取得的投資回報就越好。

我們先來看一看美國市場上，股票和債券單一投資與組合投資的收益風險對比。

第五章　開始投資前最重要的事
二、資產配置是穩健收益的核心

美國股票、債券與組合投資的收益風險對比

經濟狀況	股票基金(收益率/%)	債券基金(收益率/%)	1：1的投資組合(收益率/%)
蕭條	-7	17	5
正常	12	7	9.5
繁榮	28	-3	12.5
期望收益率	11	7	9
標準差	14.3	8.2	3.08

由此可見，激進的股票疊加保守的債券作為一個投資組合，收益率會略低於單一的股票投資，但風險波動情況卻低於投資單一的股票或者債券。

堅持組合投資可能在單一市場牛市時表現略差，但從長期來看會跑贏很多投資品種。資產配置的優勢非常明顯，但在國內，大部分的投資者卻沒有好好利用起來。

目前，國內大部分人的資產以房地產為主，剩下的大多為現金，投資到其他資產類別的比例僅占16%。這種結構在房地產持續上漲階段會有不錯的表現，但一旦遭遇房地產市場大幅調整，就會產生極大的風險。

2. 資產配置到底有多重要

老債王約翰坦伯頓說：「除非你能確定自己永遠是對的，不然就該做資產配置。」

用有錢人的思維賺錢
最輕鬆的投資入門，甩開定存的吃土人生

美國人有 70% 以上的資產配置在多元化金融資產，一向被認為超級保守「固執」的德國人的儲蓄率為 9%~10%，幾乎不投資的日本人的儲蓄率為個位數，即使最高的北歐人儲蓄率也只有 10% 多一點。然而，我們的儲蓄水準比這高了不止一倍。

現代投資方法研究大師羅傑伊博森說，長期來看，投資者 91.5% 的收益都來自合理的資產配置。

美國經濟學家哈利・馬可維茲通過分析近 30 年來各類投資者的投資行為和最終結果的大量案例發現：在所有參與投資的人裡面，有 90% 的人不幸以投資失敗而出局，而能夠幸運留存下來的成功投資者僅有 10%！而這 10% 的人都做了合理的資產配置。

為什麼會出現這種情況呢？資產配置是在結合了個人的投資目標和風險承受能力之後，綜合判斷在股權、債權、商品期貨等大類資產中的投資比例，進行大類資產的分散投資。

這種分散組合，可以降低單一資產的投資風險，減少投資組合的波動性，使資產配置的收益趨於穩定，不會出現一損俱損的情況。例如，你擁有 100 萬元的資金，分別在股票、房產、債券投入 50 萬元、40 萬元、10 萬元，即使遭遇了「股災」，股票損失了 30 萬元，但是債券賺錢了（一般來說，股市大漲，債市表現就差；股市大跌，債市表現就好），房價也一直在上漲，就可以部分或者全部彌補股市的虧損。

也許會有人說，我什麼都不買，自然就沒有風險了。真的如此

第五章　開始投資前最重要的事
二、資產配置是穩健收益的核心

嗎？如果把個人財富看作「一口池塘」，我們都希望池塘裡的水越多越好。水怎麼才能變多呢？這需要通過勞動收入、投資收益來匯聚更多水，如果沒有水源注入，這口池塘裡的水除了正常用度之外，也會不斷地「蒸發」。

蒸發的過程或許是我們根本摸不著的，這就是通貨膨脹，也就是什麼都不買的風險。掐指一算，從房產到柴米油鹽，哪一個沒有在此起彼伏地漲價？銀行的活期存款利息只有 0.35%，幾乎可以忽略不計，央行一年期定期存款利息基本在 15% 左右，而公布的 CPI 增速約為 28%，所以要跑贏通貨膨脹，單一的存款是無法做到的，這個時候就需要做資產配置，合理搭配其他有效的理財產品。

3. 怎麼做資產配置

資產配置的組合，不應該是同一資產類別項下的各種產品的組合，而應該是大類資產的分散。這樣做的意義，並不是為了永遠追求最高收益，而是在追求投資回報時，將風險變得可控。

根據自己的風險和收益需求，以及資產負債和財富流動情況。

跨資產類別配置，可能的話，跨地域國別配置。

相對較長的時間。

其實，分散配置的道理並不難理解，但它其實是「反人性的」，實際操作起來，大多數人很難真正做到。例如，有的人追求零風險，只買保證收益的理財產品，一年賺 4%，但超市裡的雞蛋眼看著從 5

用有錢人的思維賺錢
最輕鬆的投資入門，甩開定存的吃土人生

元漲到 10 元；有的人追求風險高的資產收益，想在股市裡低點買入、高點賣出，橫衝直撞，結果每次都是被收割，一輛奧迪進去，出來就變成了鈴木。

在我們的資產配置裡面，既有增值的部分，也有保值的部分，還有保障的部分，需要達到的目的就是合理分配資金，不要大起大落，而是細水長流。

推薦一款簡單的資產配置方法：金字塔理財模型。

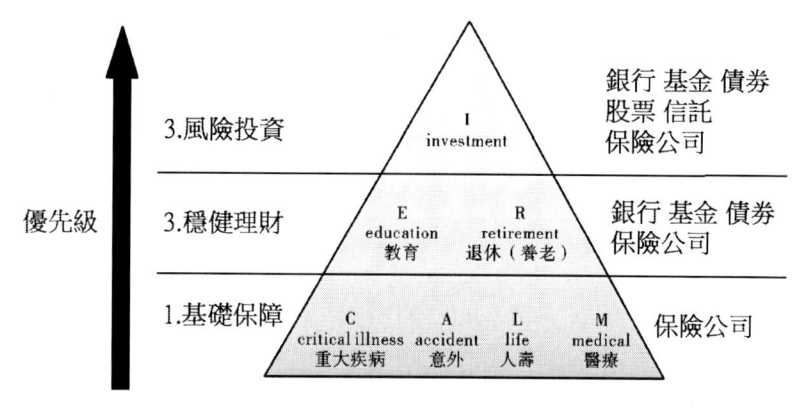

金字塔理財模型

金字塔基石的部分是基礎保障，主要由流動性資產、意外險、壽險等組成，不要指望這部分盈利，保障才是其最重要的目的。

再往上的塔身，是穩健理財，也是資產金字塔的穩定劑，主要是國債、理財、組合型基金、債券基金等，風險小、穩定性強。

再往上走，配置的部分也變小，是進取型投資，主要是股票、基

第五章　開始投資前最重要的事
二、資產配置是穩健收益的核心

金、帳戶金等產品，需要更長時間、以更專業的方式來賺取超額收益，風險大、預期收益高。

金字塔頂尖的部分，我習慣將之稱為「風險投機」，但這裡的投機可不是一個「貶義詞」，而是一種投資方式，它主要由期貨、另類資產、股權、衍生品等組成，預期收益非常高，但伴隨的風險也巨大。

絕大多數投資者都是偏向於保守和穩健型的，所以再介紹一款被稱為最科學、穩健的資產分配方式——標準普爾家庭資產配置。

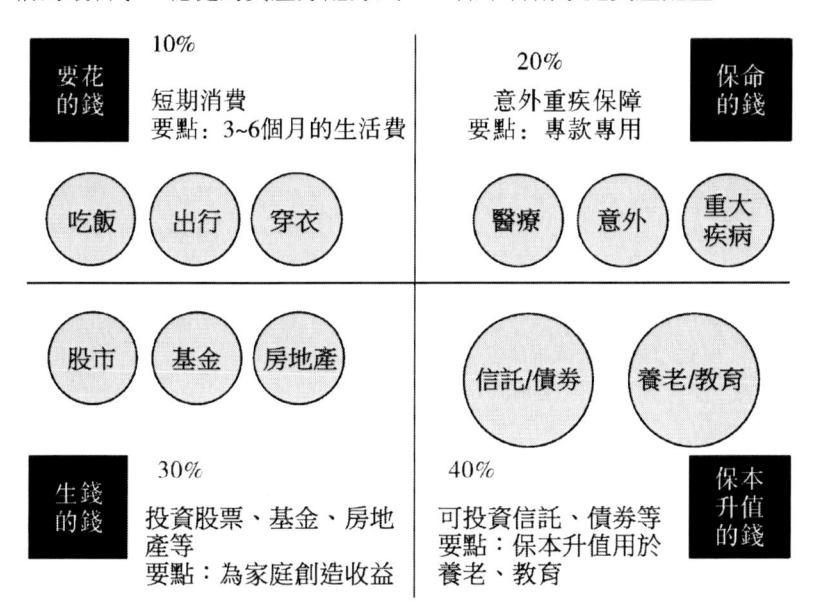

要花的錢　10% 短期消費 要點：3~6個月的生活費 （吃飯）（出行）（穿衣）	20% 意外重疾保障 要點：專款專用 （醫療）（意外）（重大疾病）　保命的錢
（股市）（基金）（房地產） 生錢的錢　30%　投資股票、基金、房地產等 要點：為家庭創造收益	（信託/債券）（養老/教育） 40%　可投資信託、債券等 要點：保本升值用於養老、教育　保本升值的錢

標準普爾家庭資產配置

177

用有錢人的思維賺錢
最輕鬆的投資入門，甩開定存的吃土人生

它把家庭資產按比例劃分為四個帳戶： 要花的錢、保命的錢、生錢的錢、保本升值的錢。按照一定比例分配，通過合理的資產配置來分散風險，達到資產配置的平衡。

要花的錢，即現金資產： 日常要花的錢，做好預算，記帳，一定程度上可以控制消費慾望。

保命的錢，即保障資產： 也許平時看著沒什麼用，但到關鍵時候，它能保障你不用為了錢去賣房賣車、股票低價套現、四處求人。

生錢的錢，即投資資產： 關鍵在於合理的配置比例，一般占到家庭資產的 40%~50%，也就是要賺得起虧得起，無論盈虧對家庭都不能有致命性的打擊。保本升值的錢，即穩健資產：一定要長期穩定地投，不要隨意取出使用，否則在被消費慾望衝昏頭腦時，很可能隨手就花掉了。

有必要提醒的是，標準普爾家庭資產配置並不是一成不變的。隨著年齡增長、資產狀況的變化，各項資產的配置比例也需要進行調整，如隨著年齡越來越大，投資類產品的占比應該越來越小。

三、市場上有哪些投資產品

在開始投資之前，我們先來看一下投資理財市場上，都有哪些常見的工具。

根據賺錢方式的不同，我們把常見的投資品種分成四大類，其性質、對象、風險和收益都不一樣。

現金類投資：如貨幣基金、銀行的定期存單、國債逆回購等，它的特點是收益低、風險低、存取靈活。比如說，貨幣基金就是做現金類投資的產品，可以看看它的「投資組合」，多數貨幣基金投資的都是國債、通知存款、短期定存、大額存單、票據、各種市場債券等。

債權類投資：如國債、P2P 等，也叫作固定收益類投資。例如，投資人借錢給公司，公司還錢的時候順帶還上利息，利息多少是可以確定的，風險多數處於中高區間。

權益類投資：如股權、股票等，就是投資人直接變成了公司股東，投資的份額成了自己的財產。公司賺了多少，要對投資人進行分紅。本金歸還時間不確定，當變賣了這份股權，就會有收益（漲）或虧損（跌），風險比較高。

商品實物類投資：如房產、石油、黃金、收藏品等。投資對象一旦價格上漲，就會獲得收益，但這類投資資金量巨大，且流動性和變現能力比較差，風險也較高。

在投資實踐中，我們可以把現金類、債權類、權益類和商品實物

用有錢人的思維賺錢
最輕鬆的投資入門，甩開定存的吃土人生

類看作投資的基礎，其他很多資產都是以不同的比例投入到這幾個品類中。

具體來說，對於低風險的銀行理財，它的構成往往都是部分現金類投資＋部分債券類投資；對於某一種保險理財來說，它的構成是部分現金類投資＋部分債券類投資＋部分權益類投資；對於股票型指數基金來說，則是按照一定標準和比例來投資股票。

目前，市場上也衍生出了一些創新型的金融理財產品，有的構成非常複雜，都是精算師絞盡腦汁設計出來的，普通人很難直接搞明白背後賺錢的邏輯。按照不熟不做的原則，我建議如果不是專業人士，還是不投資為好。

大家可能已經看出來了，上述四大類主要投資品，它們的風險水準會隨著收益的不斷放大而逐漸增高。權益類投資和商品實物類投資的風險要遠遠高於債券類投資，而債券類投資的風險往往又高於現金類投資。

當然，這個風險程度也不是絕對的，要根據投資者和具體產品仔細分析。我們瞭解清楚了理財產品投資的對象，就知道我們買的理財產品具體的投資方向和風險了。除了自己可以從投資品看理財產品的方向和風險，理財產品還應該附有這個產品的風險評等，我們應該仔細查詢。

第五章　開始投資前最重要的事
三、市場上有哪些投資產品

各類金融產品投資門檻及適應人群匯總

產品類型	參考起投金額	適合人群
活期/定期存款	1 元	普通投資者
公募基金	100 元	
互聯網金融產品	1,000 元	
股票	1 手（100 股）	
銀行理財產品	5 萬元	
信託類產品	100 萬元	高淨值投資者
私募類產品	100 萬元以上	

接下來，我們針對各類產品進行逐一介紹和梳理，同時也看一下它們各自的收益率和風險情況，從而決定選擇什麼樣的投資理財產品實現自己的財富保值和增值。

1. 銀行固定收益類產品

先說銀行發行的固定收益類產品，進入門檻跨度比較大，從 1 萬元至 100 萬元不等，預期收益率隨投資金額的增大而提高；投資期短則十幾天，長則超過 1 年，期限越長的產品，預期收益率也會更高。

儲蓄是過去常用的理財方法。

隨著網路金融的普及，個人活期及流通的紙幣會越來越少。我建議不要在手上留過多現金或把錢存進銀行卡，多餘的錢可以放到各類理財平台，購買其他的固定收益類理財。

儲蓄之外，再說一下它的姊妹產品——銀行理財。通常，銀行理

用有錢人的思維賺錢
最輕鬆的投資入門，甩開定存的吃土人生

財簡單分為以下三種。

保證收益型： 合約約定保本保利，投資者會在產品到期日得到本金和基本按照預期收益率計算的投資收益。這類理財產品的風險級別一般是 R1，也就是最低級，適合風險承受能力弱、追求本金的安全和穩定收益的投資者。

保本浮動收益型： 這類理財產品雖然保本，但不保收益。有些產品是按照預期收益率計算的可能收益，但不保證一定能夠達到預期收益率； 有些產品是設定了一個預期收益率區間，風險級別一般是 R1 或者 R2。這類理財產品由於保證本金安全，所以風險相對比較低。

非保本浮動收益型： 這些理財產品既不保證本金，也不保證收益，一般各個銀行都有此種產品類型，風險級別顯著高於前兩類。其中，不同產品設置的風險級別也因投資領域差別比較大而不同，這一點需要特別注意查看說明書中的資金用途。這類理財產品適合風險承受能力較高的淨值型投資者。

目前，銀行理財年收益率多為 4.5%~5.5%，起投金額大多在 5 萬元以上。長期以來銀行理財因為剛兌、有銀行背書，受到大多數人青睞。但 2017 年 11 月出抬了「資管新規」，要求不能發行 3 個月以下的理財產品，還要打破剛兌，也就是說，銀行理財以後不能保證保本保息了，所以在買這些產品之前必須瞭解清楚。

除了銀行理財，還有一種追求保本穩定收益的固定收益類產品：債券。它的收益相對穩定，風險很低，尤其國債是以國家信譽發行

第五章　開始投資前最重要的事
三、市場上有哪些投資產品

的，風險近乎為零，但其投資收益率比較低。儘管如此，建議理財新手適當配置一些國債，總比存活期的收益要高。

2. 股票

說到股票投資，這肯定是一件容易讓人興奮的事情，因為很多人把「炒股」當作一個可以賺快錢的途徑，似乎一夜之間就可以暴富，實現理想中的財務自由。

的確，投資股票不僅因為它的流動性比固定收益類投資要好得多（隨時隨地自由買賣），同時參與方式也非常簡單——在證券公司開設一個帳戶，存入多少不論的資金，就可以直接在電腦上下單入場了。

在 A 股市場上，80% 的投資者都是缺乏投資經驗的散戶，有一個定律叫作「一贏兩平七虧」，也就是說虧錢的人占比達到 70%，沒賺也沒虧的人占 20%，只有極少數的 10% 的人賺錢了。這說明投資股票的風險是很高的。

一個奇怪的現象是，絕大多數在這個市場裡的投資者，都認為自己是「一贏兩平七虧」中的那個「一贏」，或至少是那「兩平」，而不是那「七虧」中的一個。

實際上，大多數的股票投資者，都極容易犯一個追漲殺跌的集體性錯誤，導致最終不僅沒有體會到賺錢的樂趣，還搭進去了不少錢。其實，即使非職業投資者想在股市裡賺錢也不太難，摒棄暴富心理，

用有錢人的思維賺錢
最輕鬆的投資入門，甩開定存的吃土人生

拉長投資週期，嚴格遵守「閒錢投資長期持有」 這個原則，熊市中期買入，牛市頂部區域賣出，會獲利不小。

以過去 20 多年的 A 股為例，拋開一年兩年的短期表現（有時也會剛好碰上市場的熊市下行週期），拉長到 5 年甚至 10 年以上的週期看，如果真正遵守上述原則進行投資，大部分人是賺錢的。

我坦言，我的悟性不高，明白這個簡單的道理用了五六年的時間，有的聰明人可能只用幾個月一年的時間就能領悟到。當然，更多的人一輩子都在追漲殺跌中度過，永遠解不開這個結，結果被一輪又一輪的收割。

觀察一下身邊那些在股市裡虧錢的人，你會發現他們有一個共同的特點，那就是寧願去聽信所謂的內部消息或者某位專家的推薦而去買入某只股票，不願把時間和注意力花在持續地學習上，如一些基礎的經濟學、會計學、市場營銷等知識上，甚至連最起碼的財務報表都看不懂，就貿然殺進去了，結果可想而知。

在股票投資中，有一個鐵律叫作： 不熟不做。換句話說，就是對於自己不懂或不理解的行業和企業，不要輕易去投資。就連 「股神」 巴菲特，對於自己不瞭解的科技股都是避而遠之，更何況我們這樣的投資新手，為什麼非要把自己辛苦賺來的錢置於不確定的風險之中呢？

如果你對股票很感興趣，也有足夠的時間、耐心和持續的學習能力，那麼建議你認真學習投資，在掌握相關的基礎知識，有自己的選

第五章　開始投資前最重要的事
三、市場上有哪些投資產品

股策略，並形成自己獨立的思考後再去投資，這樣或許可以大大降低虧錢的風險。

一個人到底適不適合投資股票？歸根究柢在於，是否能找到並建立一個適合自己的投資體系，並隨同市場的進化而不斷地進化和完善提升。

既然投資股票的風險很高，並且需要花費我們大量的時間和精力。那麼，有沒有最適合現階段理財新手的選擇呢？有呀，那就是——基金。這也就是接下來的重點內容。在投資市場發達的美國，50% 以上的家庭都投資了基金，家庭中大部分的資產以基金的形式存在。

3. 基金

基金作為一種投資工具，它有正規基金公司的專業基金經理，把眾多投資者的資金匯集起來，通過投資股票和債券等，實現收益的目的。與股票相比，它不僅分散了單一投資個股的風險，收益也會在專業基金經理的管理和運行下變得較為穩定。

基金公司收取一定的費用，如管理費、申購費等，扣除這些費用後，不論是賺還是賠，都由基金投資者承擔。所以，投資基金也是有風險的，只是它的風險比股票要低，相對應的基金的收益自然也比股票要低。通常情況下，收益和風險是呈正比的，收益越高風險也越高。

用有錢人的思維賺錢
最輕鬆的投資入門，甩開定存的吃土人生

(1) 公募基金

我們平常接觸到的基金，被稱為「公募基金」。它的特點是以大眾傳播手段募集，向公眾發行，投資門檻低，數百元就能投資。在國家法律的嚴格監管下，其資訊披露更全面，利潤分配、運行限制等更規範，投資者便於查詢和獲取。

一般來說，公募基金的投資策略大多簡單，流動性也較強，可以較為方便地買入賣出，更適合普通投資者參與。

公募基金也分很多種類型，按照申贖及交易方式可以分為封閉式基金和開放式基金。封閉式基金是指基金規模在發行前已經確定，在發行完畢後的規定期限內，基金規模是固定不變的，且不能進行申購和贖回。目前，市場上的封閉式基金數量很少，大部分都是開放式基金。開放式基金是指基金設立之後，投資者可以隨時申購或贖回，基金規模也是不固定的。

根據投資對象的不同來劃分，它又有貨幣基金、債券基金、股票混合型基金等，其風險排序由高到低依次是：股票型 > 混合型 > 債券型 > 貨幣型。我們可以根據自己的風險承受能力，將不同類型的基金，按照「最優解」的比例，放入股權、債券、另類資產之中，但也需要定期查看產品表現和配置比例的變動情況，進行適時調整。

(2) 私募基金

與公募基金相對應的，還有一種叫作「私募基金」的產品，它是以大眾傳播以外的非公開方式向特定群體募集資金，並以證券為投資

第五章　開始投資前最重要的事
三、市場上有哪些投資產品

對象的證券投資基金，一般來說進入門檻較高，如 100 萬元起投等。

相對來說，私募基金一般規模不大，不能隨時申購贖回，流動性比較低。專業的基金投資經理管理起來比較靈活，投資策略也更複雜，往往會採用到對沖、槓桿、衍生品等手段，所以風險較公募基金更高。

在國內金融市場上，我們經常說的「私募基金」或「地下基金」，往往是指相對於政府監管的，向不特定投資人公開發行收益憑證的證券投資基金，私下向特定投資人募集資金進行的一種集合投資。其方式基本有兩種：一是基於簽訂委託投資合約的契約型集合投資基金，二是基於共同出資入股成立股份公司的公司型集合投資基金。

私募股權投資基金（PE/VC），是將募集到的資金投至非上市公司的股權。通常情況下，這類私募基金的預期收益會比公募基金要高很多，但由於資金的最終投向多為創業型公司，資金沉澱的投資期限往往更長，甚至有長達 10 多年的。

一般來說，私募基金除了投資門檻高之外，因為公開披露資訊較少，投資者應該具備相應的專業知識，如對自己投資的項目是否有真正的價值，商業模式和未來成長邏輯是否成立，以及後續的資金回報管理等，客觀評價其風險。

私募基金的選擇，重點在於對發行產品基金公司的瞭解程度和基金產品的投資方向，要對基金公司和操盤經理及投資方向進行全面瞭解、綜合評價，追求絕對收益而不是管理費的私募基金才是為投

用有錢人的思維賺錢
最輕鬆的投資入門，甩開定存的吃土人生

資者負責的。以期貨為投資標的的基金，一旦爆倉，或許資金會全部歸零。

對於絕大多數人來說，基金投資是一個很常見且使用頻繁的投資產品，後面有專門的章節來對其進行詳細介紹，此處便不再贅述。

4. 商品投資

商品類投資，一般也叫作大宗商品投資，是指可以進入流通領域，但非零售環節，具有商品屬性並可用於工農業生產與消費使用的大批量買賣的物質商品，標的物包括黃金、原油、農產品、藝術收藏品等。

我首先要提醒大家的是，大宗商品投資並不簡單，相反其難度非常大，所以不要指望「短平快」，或者輕易就得出結論，商品投資好或者不好，我們應該買或者不買。現實的金融世界沒那麼簡單。

大宗商品一般價格波動比較大，風險很高。正因為其價格波動跌宕起伏，大多數人在參與商品投資的時候，往往都會採用加入槓桿機制，以期望用最小的錢撬動最大的回報，顯然風險也成倍放大。

舉個例子，你原本有 100 萬元的投資資金，選擇利用 10 倍的槓桿，就可以調動 1000 萬元的資金。如果投資的商品價格上漲了 10%，就是 1000 萬元漲了 10%，你就賺到了 100 萬元，但因為最初始的本金投入只有 100 萬元，所以在加入槓桿後帶給你的回報率就是 100%。如果這 1000 萬元的資產，價格下跌了 10%，也就是虧損了

第五章　開始投資前最重要的事
三、市場上有哪些投資產品

100 萬元，相當於你的本金就全部損失了，你將被要求強制離場。

刺激吧？但如此高風險的投資方式，真的適合作為普通投資者的你參與其中嗎？

也許會有人說，黃金不是商品類投資中的一個標的嗎？是的，黃金這種投資品可以在市場起伏不定且充滿風險的時候，具有一定的避險特性，可以按照小比例納入資產配置的組合中，以降低整體資產的波動性。它通常有實物黃金、黃金存摺、黃金期貨、黃金 ETF 和黃金 T+D 等，可根據自己的情況進行選擇投資。後面的章節有進一步的介紹。

5. 信託

信託就是信用委託，是一種以信用為基礎的法律行為，一般涉及三方面當事人，即投入信用的委託人（投資者），受信於人的受託人，以及受益於人的受益人。信託業務是由委託人按照契約或遺囑的規定，為自己或第三者（受益人）的利益，將財產上的權利轉給受託人（自然人或法人），受託人按規定條件和範圍，佔有、管理、使用信託財產，並處理其收益。

信託產品的個體差異比較大，所涉及內容也非常複雜，如資金去向問題，是否有實物抵押等，普通人很難識別出風險等級，所以建議謹慎介入，或者找專業人士諮詢以後再做決定。

用有錢人的思維賺錢
最輕鬆的投資入門,甩開定存的吃土人生

6. P2P

P2P,即點對點的網路借貸,也就是網路公司利用自己的平台,把需要錢的人和手裡有閒錢的人對接起來,讓他們各取所需,自己則從中賺取利息差作為利潤。目前,知名的平台有陸金所、人人貸、宜人貸等。

P2P 本質上是一種借貸關係,投資者可以選擇 1 個月、5 個月甚至更長的投資期限,將錢劃入平台的投資帳戶,到期後取回自己的本金和收益。最開始興起時,P2P 平台的平均年收益率可以達到 10%~20%,現在仍可以達到 8% 以上,甚至更高,投資門檻也低,一般只需要劃入幾百元、幾千元即可,因此吸引了眾多投資者參與其中。

看起來是不是很簡單?足不出戶,只需要動動手指頭,就能「躺著」把錢給賺了。簡單的事情背後,總是隱藏著風險。這個投資最後真的能夠實現「低風險、高收益」?

相信大家已經有自己的判斷了。自 2015 年以來,發生了眾多 P2P 平台跑路的事件,涉案金額從數十億元到數千億元,這個本金更不安全,風險更高,你想要他的利息,他想要你的本金,一定要小心。

當然,也不能把 P2P 平台一棍子打死,一些有銀行存管、風投背景股東的平台,相對而言具有一定的安全保障作用。

總之,建議投資者在考慮選擇 P2P 平台產品進行投資時,能夠更理性和謹慎地進行,盡量先挑選大平台,再挑選產品。不要只是盯著

第五章　開始投資前最重要的事
三、市場上有哪些投資產品

收益率的數值,風險永遠是投資需要考慮的第一原則。同時,最好多走動、多調查,選擇有正規資質、成立時間較長的公司辦理業務,如一些以不動產抵押類的 P2P 理財產品風險相對來說要小一些,這樣可以保障投資者資金的安全。

相對銀行理財而言,P2P 的風險要高出很多,主要集中在到期無法兌付的風險上。

通過以上幾種常見的、具有代表性的投資產品介紹,相信大家已經有了一個初步的瞭解。雖然看起來都挺簡單的,但在實際投資操作中請務必保持理性和謹慎。沒錯,理財本身就是一個沒有多高門檻,但卻非常需要認知和專業水準的事情。

所有的投資都是具有強烈個性化差異的,因為每個人所處的人生階段不同,追求的收益率高低不同,以及擁有的資金、認知思維、風險承受能力等不同,導致其在資產配置和組合方面,呈現出鮮明的個性特色。

用有錢人的思維賺錢
最輕鬆的投資入門，甩開定存的吃土人生

第六章
投資理財產品如何選擇

用有錢人的思維賺錢
最輕鬆的投資入門，甩開定存的吃土人生

投資理財不是做與不做的問題，而是怎麼做的問題。也就是如何根據自己的資金實力、家庭狀況、風險承受力等，對各種類型的投資理財產品進行選擇。

> 生活就是一連串的「機會成本」，你要與你能較易找到的最好的人結婚，投資與此何其相似。
>
> ——查理孟格

和歷史上那些戊戌年一樣，2018 年是一個多事之秋。投資理財市場冷得瑟瑟發抖，股票、P2P、比特幣，還有下半年的房地產市場，都是風雨飄搖。有人說，這一年做投資理財的，總體上可以用一個字概括：慘。稍微不小心，不是掉進這個坑，就是那個坑；不是消失在這個電子幣交易所，就是被某個 P2P 平台雷——總有一款適合你。

我並不認同這個判斷。你如果仔細觀察，會發現那些虧損嚴重的人的財務普遍存在問題，在並沒有充分準備的情況下，貿然跳入自己並不瞭解或者熟悉的股市、比特幣等市場，或者為了畸高的收益承諾而把大筆資金投入 P2P 平台，抱著一夜暴富的心態，試圖不勞而獲地賺到大筆的錢，這種做法無異於賭博，結果是可想而知的狼狽。

投資理財是日常做好財務管理，不只是財務保值增值，還要在家庭遇到風險和波動的時候，能有足夠的準備抵禦這些風險。做好人生規劃，保持健康心態，在通往財務自由之路上努力。

我們都已經知道，投資理財不是做與不做的問題，而是怎麼做的

第六章　投資理財產品如何選擇
三、市場上有哪些投資產品

問題。換句話說，也就是如何根據自己的資金實力、家庭狀況、風險承受力等，對各種類型的投資理財產品進行選擇。

說到理財，大多數人的經歷都是從銀行開始的。尤其是我們的父輩一代，理財觀念只是千方百計地節省，然後把錢存在銀行裡吃定期利息，眼睜睜地看著本就不多的結餘被通貨膨脹扼殺。

事實上，如今金融行業已經發生了很多變化，許多金融機構在不斷發行各種各樣的投資理財產品，銀行、保險公司、證券公司等都在推出自己的創新特色品種，彼此之間也進行著各種交叉的合作和服務。例如，銀行經常為

保險公司、證券公司代銷保險、基金，收取一定額度的申購、管理費用等，而一些銀行產品也投資了一些保險公司、證券公司發行的資產管理計劃。

用有錢人的思維賺錢
最輕鬆的投資入門，甩開定存的吃土人生

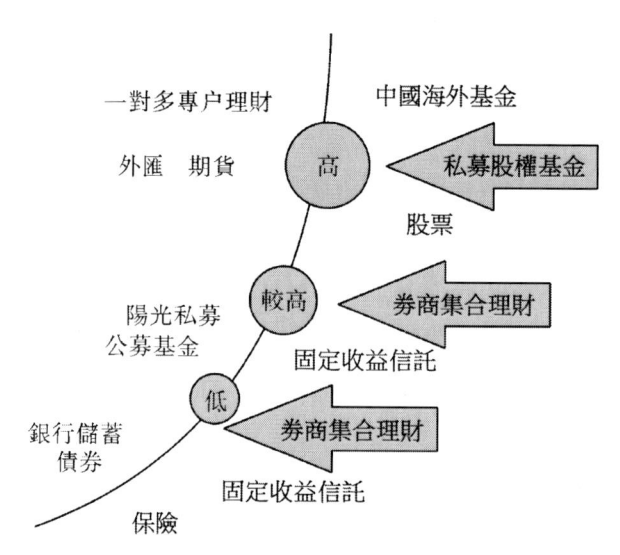

```
一對多專戶理財        中國海外基金
                  高    ← 私募股權基金
外匯  期貨
                      股票
陽光私募          較高  ← 券商集合理財
公募基金
              固定收益信託
                  低  ← 券商集合理財
銀行儲蓄
債券           固定收益信託
    保險
```

各類型理財產品投資風險對比

　　大多數人都認為銀行推出的產品是具有保本安全性的，而對保險公司、證券公司則因為不瞭解而會產生不信任感。其實，這應該分為兩個方面去看：一是發行機構和背後的資產不是直接關聯的；二是投資理財產品只代表發行或發售機構，並不能直接判斷其投資風險性。

　　例如，銀行理財、保險公司資產管理計劃、投連險、券商資產管理計劃等產品，低、中、高幾種風險都有跨越，因為這些產品本身可以投資的範圍非常廣，所以一定要就具體的產品來進行詳細分析。

　　總體來說，金融機構每年都會推出一些新產品，涉及種類非常多，這就需要先從風險把控的角度出發，根據自己的需求挑選出幾款

第六章　投資理財產品如何選擇
三、市場上有哪些投資產品

類似的產品，然後再進行比較來判斷。記住，永遠不會有最好的投資理財產品，只有更適合自己的資產組合配置。

先來看看銀行、證券、保險三大金融機構不同產品的投資門檻，可以根據自己的資金量來做合理的組合。

總體來說，從投資理財的門檻和風險的角度出發，銀行理財都並沒有比證券公司和保險公司更低、更具有明顯的優勢。

例如，以前某一個產品的預期收益率為 8%，但是實際營運中卻虧錢了，若按照以前的規定，金融機構會給投資者 8% 的收益。以後則按照實際收益進行兌付，一旦虧損了，投資者就可能跟著賠錢，而不是拿銀行的承諾利息了。

這不是變得不安全了嗎？理財產品還值得投資嗎？實際上，理財產品沒變，只是把更真實的一面展現在了大家面前。以前銀行剛兌主要採用的是攤餘成本法，如第一期賺了 10%，第二期賠了 5%，第三期賺了 15%，那麼三期平均下來就約為 6.67%，銀行按照 5% 剛兌還會賺一點差價。現在，每期收益按照實際兌付，綜合下來其實可能賺的錢比原來還要多一點，因為銀行在攤餘成本後要扣除一點利潤，反而現在透明化之後只能賺點手續費了。

理財不是存款，是為了賺取更高的收益，自然存在一定的風險，基本上在收益超過 5% 以後，每增加 1% 的收益，那麼風險就會增加 10%。

用有錢人的思維賺錢
最輕鬆的投資入門，甩開定存的吃土人生

一、銀行發行的理財產品

所謂銀行發行和管理的理財產品，就是指銀行自主開發、管理、營運的理財產品。一般來說，銀行有相對嚴格的監管體系，以及專業的人才，規範的制度和長期的投資經驗，因此這一類的理財產品，安全性相對比較高。

相對來說，銀行固定收益類投資的回報都不高，自然對應的風險也較低，大多數銀行理財產品都屬於這一類。因此，很多人似乎有一個感覺是，買銀行的理財產品，有點像是升級版的銀行存款。需要注意的是，銀行裡的理財產品主要分為自營理財和代銷的理財產品，所以銀行理財不一定是銀行自己發行的。

銀行代銷的投資產品是由其他金融機構進行產品設計、投資及管理，而銀行僅僅承擔對產品的推薦、銷售和資金代收付等職能。也就是說，這時候銀行只是扮演了一個仲介角色，一旦出了問題銀行不負責後續處理。還有一類，是銀行工作人員私自推銷的理財產品，不能搭理。

1. 明確需求

很多人在做投資時，往往會陷入一個共同的迷思，那就是針對各種具體投資產品的討論，把時間和精力都放在各種細枝末節的比較上，而不是首先根據自己的資金狀況、投資週期、風險承受能力和收

第六章　投資理財產品如何選擇
一、銀行發行的理財產品

益預期等綜合需求來選擇，有點本末倒置的意思。

所以，在購買銀行理財產品時，應該從以下幾個問題依次入手。

一是拿多少錢來購買？一方面，購買銀行理財產品都有一個起購金額，如果資金太少的話，就得選擇其他的投資產品。另一方面，銀行理財產品大都對安全性的要求比較高，保障性排在第一，那麼在資產組合上不應佔有太高比例，否則會占用資金投入其他收益較高一些的理財產品，從而影響整體的收益率。

二是這筆投資能用多久？長期投資是賺取豐厚收益的不二法則，最忌諱的是急錢長投，不僅享受不到複利的「滾雪球」效應，而且過程中被迫中斷投資，還會損失掉一大筆應該有的利息。

一般來說，幾乎每款銀行理財產品都有一個固定期限，如1年期、3年期等，可以結合自己在中長期的資金使用計劃來進行安排，如要結婚買房，那就選擇投資期限較短的產品，配合自己的用途。

值得注意的是，有一部分銀行理財產品是封閉式的，一旦投入即不能提前支取，只能等產品到期後得到本金和預期收益，這一點比定期存款還要苛刻。所以，有暫時閒置不用的資金，並願意承擔一定風險、追求較高收益的投資者可以選擇購買這類理財產品。大多數的開放式理財產品可以接受贖回，但也得仔細閱讀具體產品說明書裡的贖回條件。

三是投資收益符合預期嗎？銀行理財產品通常風險不高，所以收益率也不高，但比國債、貨幣基金的。

用有錢人的思維賺錢
最輕鬆的投資入門，甩開定存的吃土人生

蘿蔔青菜各有所愛。這得要看是否符合你的投資收益預期。

2. 風險評估

投資者在購買銀行理財產品過程中，風險評估是最重要的一環。當你有了購買某一款銀行理財產品意願的時候，認真負責的理財人員通常會指導你填寫《個人客戶投資風險評估報告》，對你的風險偏好、風險認知能力和承受能力進行瞭解並確認，隨後再為你推薦適合的銀行理財產品。

(1) 基本分類

根據投資者獲取收益方式的不同，銀行理財產品分為保本固定收益型、保本浮動收益型和非保本浮動收益型三個類別。

① 保本固定收益型： 大家對銀行理財產品的認知大多都出於這個類型，顧名思義，此類產品銀行會為理財本金和收益提供保障，風險較低，收益較穩，是新手最愛的選擇。

② 保本浮動收益型： 此類產品銀行依然能夠保障理財本金的安全，但收益是不固定的。其實銀行的理財產品很少出現最終收益率低於預期收益率的情況，所以投資者不必過於擔心，只是在選擇時要認清 「浮動收益」 這一點，放好心態。

③ 非保本浮動收益型： 這類產品可以說是第二類的升級版，即銀行不為本金及收益提供保障，投資者不僅收益會面臨風險，連本金也會面臨一定風險，

第六章　投資理財產品如何選擇
一、銀行發行的理財產品

建議有一定投資經驗的朋友購買。實際上，非保本浮動類理財產品的風險也並沒有大家想像中那樣大。據統計，此類產品的收益達標率在 99% 以上，也就是說，很少有產品達不到預期收益率，出現本金虧損的情況更是極少，所以有經驗的投資者可以大膽嘗試。

看了上述介紹，相信大家對銀行理財產品一定有了新的認知，不必過於擔心，畢竟銀行理財產品面臨的風險還是相對較小的，只要在選擇時別一味聽介紹，主動瞭解產品類型，根據自己的實際需要來選擇，就不會「被坑」。

保本、保收益，可能大家感覺挺好的，但實際情況並非完全如此。從預期收益率來說，保本浮動類的收益最高，但真實情況是它的實際收益最低，這與它的掛勾指數的結構性產品密切相關。

銀行理財產品類型、預期和實際收益率對比

保證收益類	保本浮動類	非保本浮動類
投向貨幣市場、債券	結構性（掛勾指數）	投向貨幣市場、信貸等
預期收益率 3.6%	預期收益率 6.8%	預期收益率 5.2%
實際收益率 3.6%	實際收益率 0.6%	實際收益率 5.2%

所以，我們在關注銀行理財產品的預期收益率時，不能簡單地從字面上以是否保本作為判斷標準，而更應該關注投資方向和產品特性。

一般來說，各家銀行的理財產品大多是對本金給予保證的，根據以往市場的表現，出現本金虧損這種情況的機率還是較低的。

用有錢人的思維賺錢
最輕鬆的投資入門，甩開定存的吃土人生

正如前面章節所講的，任何金融機構推出的投資理財產品，都不會在合約裡出現保本、保收益的字樣。但相對來說，3%~5% 的收益率及本金出現大面積風險的可能性較小。

(3) 發行方是誰

在銀行發售的理財產品，並不都是銀行自營的理財產品。現在的銀行有點像超市，因為聚集大量的人流，且掌握了很多客戶名單，除了自營產品之外，還會代銷其他金融機構的產品。

例如，一些保險、基金、信託類理財，也會借銀行這個管道發售。此外，也有一些銀行和保險公司、證券公司等合作發行的銀保產品、銀證產品等。這一點，大小銀行都一樣。

對於代銷產品，銀行只拿業績提成，據說分成比例比較高，對產品盈虧不負責任。

所以，購買之前需要看清楚產品發行方和管理方，認真閱讀說明書，其投資方式、範圍可能跟純粹由銀行發行的產品有所區別。

小祕訣：凡是銀行理財產品，必有一個防偽編碼，放在產品的說明書，或者是合約裡。如果合約裡沒有這個編碼，或者查不到，肯定就不是銀行理財產品。

3. 怎樣買銀行理財產品

在明確了自己的需求，挑選好了適合自己的銀行理財產品之後，接下來就可以購買了。目前，主要採用兩種購買途徑：一是傳統的線

第六章　投資理財產品如何選擇
一、銀行發行的理財產品

下櫃台；二是網路線上直接購買，如手機銀行、網上銀行等。

(1) 哪一類銀行收益更好

雖然從本質上來說，無論是哪種銀行都是差不多的。但是每個銀行的性質不同，以及所發行的銀行理財產品特點不同，因而收益也會差異較大。

(2) 注意募集期、到帳期，多賺取利息

在購買銀行理財產品時，認購期或者是募集期還未結束，通常只按照活期利率計息（有的銀行在募集期不計息），且所得利息不會計入認購本金裡。如果募集期長達一週，即使第一天就搶到了，資金也至少擱置了6天。

一般來說，募集期結束的第二天為起息日，也就是此時才會按投資期限，開始根據合約標示的預期年收益率計算利息。合約中在計息基礎解釋時會約定到底是按實際理財天數/365，還是按實際理財天數/360計算，這會直接影響你最後拿多少錢。

當理財產品到期時，到期日和到帳日有可能不是同一天，每家銀行的規定不一樣，有的是到期後1個工作日、2個工作日、3個工作日內一次性還本付息，遇到節假日會順延。到期日和到帳日期間為銀行清算期，這期間不計算利息。所以，到期日和到帳日越短越好，這樣資金閒置時間不會太長。

綜上所述，如果想購買的銀行理財利息高，需要注意的是：

募集期短。

計息基礎為 360 天。

到期日後馬上能到帳。

非保本浮動收益,但資金投向穩健。

如此,即使同樣一筆錢,所收到的利息會更多一些。

(3) 組合搭配,高收益 + 流動性

開放式的理財產品的投資期限是不固定的,投資者可以隨時贖回,其預期收益率與持有時間成正比。有短期閒置資金,且對流動性有較高要求的投資者可以選擇購買此類理財產品。

但大部分銀行的主流理財產品都有固定期限,也就是投資封閉期,在產品到期前是不能贖回的,儘管流動性較差,但預期收益率要高一些。

如果既要想保持一定的資金流動性,又要實現稍高的收益,則可以採取在銀行存款時的方法,組合搭配不同期限的銀行理財產品。例如,將投資資金切割為幾份,分別購買不同期限的理財產品,錯開彼此之間的到期日。

由於各個銀行間的理財產品收益率差別較大,且每期更新變化也較大,投資者可以固定選擇兩三家整體收益較高的銀行進行購買,但頻繁地在各家銀行辦卡還是有時間成本和資金成本的。

另外,有些理財產品一直在持續運作,投資者可以採用循環投資的方式,即不按時贖回自動再投資。這類理財產品省去了頻繁購買的程序,工作繁忙、喜歡持續在一家銀行購買一種理財產品的投資者建

第六章　投資理財產品如何選擇
一、銀行發行的理財產品

議選擇購買此類。

用有錢人的思維賺錢
最輕鬆的投資入門，甩開定存的吃土人生

二、證券公司發行的理財產品

對於投資理財，絕大多數人最熟悉的管道還是各類銀行及其產品，而對於證券公司，往往只是把它跟股票帳戶聯繫起來，除此之外似乎並沒有多大用處。

實際上，如今的證券帳戶早已不是簡單的「炒股票」了，從穩健投資者最愛的貨幣市場，到買入基金、債券等都可以操作。對於理財一族來說，即使不炒股也應該有一個證券帳戶。

我們為什麼要關注券商理財產品呢？有沒有比銀行理財收益更高的選擇？其實，它同樣可以購買一些風險低、參與靈活、流動性好的理財產品。例如，傳統貨幣基金適合資金閒置的投資者，場內貨幣基金適合交易頻繁的投資者。眾多券商也推出了自己的特色理財產品，它可以將股票帳戶上的資金自動做成安全的理財，交易時間內隨時可用，實現理財與交易的兼顧。

對投資者來說，完全可以利用這些工具適當建立多樣化的投資組合，提高資金的使用效率。例如，用閒置的資金購買券商的夜市理財產品，不僅比銀行活期利息高，而且也不影響白天炒股，可以獲得更高的收益。

1. 券商理財

和銀行一樣，券商除了自己發行產品外，也會代銷銀行、基金、

第六章　投資理財產品如何選擇
二、證券公司發行的理財產品

信託理財等其他理財產品。

一般來說，券商在股權類資產投資上是有優勢的，從股票的發行承銷，再到各種專業研究報告和交易策略。但是從收益率來看，並不是所有券商都把自己這方面的投資研究優勢轉化到其理財產品中，投資中高風險的券商資管計劃產品，收益差別就較大，因此一定要仔細挑選。

券商自己發起設立並管理的理財產品，主要包括如下幾種。

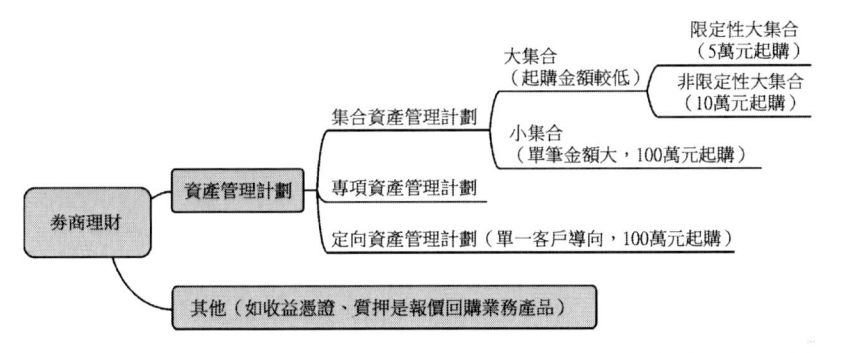

```
券商理財 ─┬─ 資產管理計劃 ─┬─ 集合資產管理計劃 ─┬─ 大集合 ─┬─ 限定性大集合（5萬元起購）
          │                  │                    │         └─ 非限定性大集合（10萬元起購）
          │                  │                    └─ 小集合（單筆金額大，100萬元起購）
          │                  ├─ 專項資產管理計劃
          │                  └─ 定向資產管理計劃（單一客戶導向，100萬元起購）
          └─ 其他（如收益憑證、質押是報價回購業務產品）
```

這些產品中，我們常見的和比較容易購買的是集合資產管理計劃、收益憑證和質押式報價回購業務產品。

2. 集合資產管理計劃

所謂集合資產管理計劃，就是證券公司與多個投資者簽訂集合資產管理合約，然後把這些錢集中起來，交給具有相關業務資格的銀行進行託管監督，通過設立專門的帳戶進行投資，為我們提供資產管

用有錢人的思維賺錢
最輕鬆的投資入門,甩開定存的吃土人生

理服務。

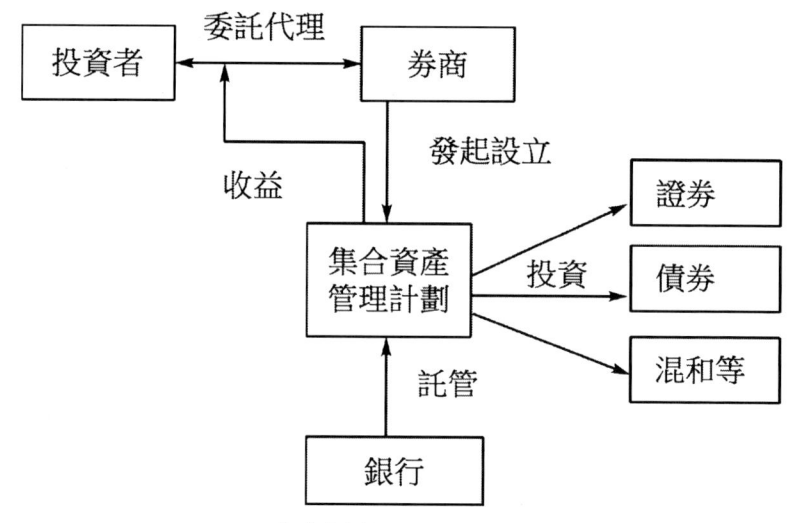

集合資產管理計劃交易結構

目前,大集合資產管理計劃因為起購金額較低,普通投資者參與較多,可以在證券公司的分行櫃台和線上理財頻道購買。小集合資產管理計劃單個投資者的起購金額不低於 100 萬元,需要審核相應的資質,第一次購買需要去線下分行確認。

集合資產管理計劃的投資範圍廣泛,主要有如下構成:

限定性集合資產管理計劃。主要用於投資國債、債券型證券投資基金、在證券交易所上市的企業債券,其他信用度高且流動性強的固定收益類金融產品。

第六章　投資理財產品如何選擇
二、證券公司發行的理財產品

　　非限定性集合資產管理計劃。投資範圍由合約約定。

　　小集合資產管理計劃因為涉及金額比較大，對進入門檻、條件設置和帳戶監督上都有一套嚴格的規定。例如申購下限，募集資金規模在 50 億元以下的，單個投資者參與金額不低於 100 萬元，客戶人數在 200 人以下，但單筆委託金額在 300 萬元以上的投資者數量不受限制。再如募集下限，限額特定資產管理計劃募集金額不低於 3000 萬元，其他集合計劃募集金額不低於 1 億元，另外還有投資證券等限制。

　　還有一種常見的定向資管計劃，就是券商接受單一投資者委託（一般為高淨值客戶），與其簽訂合約，根據合約約定的條件、方式、要求及限制，通過專門帳戶管理這筆資金，起購金額不少於 100 萬元。

　　這種券商理財產品限制少，獨立託管，主要投資於股票、債券、基金、央行票據、資產支持證券等，具體投資範圍可由券商與投資者商議約定。

　　根據投資範圍的不同，還可以把集合資產管理計劃分為貨幣型、股票型、債券型、混合型、QDII 型、FOF 型等。

　　正如前面章節所講，現在眾多金融機構已經實現了「合縱連橫」，像超市的貨架上擺滿了各種各樣的理財產品，有不少是互相交錯投資的，如券商的集合資產管理計劃可以投資公募基金，銀行理財也可以投資券商的資產管理計劃。

用有錢人的思維賺錢
最輕鬆的投資入門，甩開定存的吃土人生

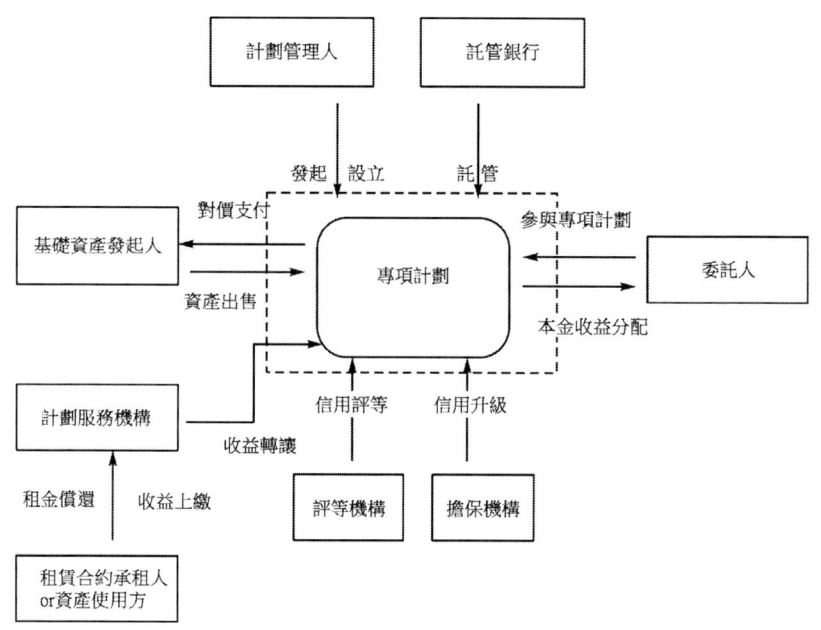

定向資產管理計劃交易結構

第六章　投資理財產品如何選擇
三、保險公司發行的理財產品

三、保險公司發行的理財產品

買保險的初衷，是出於考慮到人生可能遇到的風險，與其自己承受不如轉移給保險公司，用較少的保費撬動更大的金額，突出槓桿效應，給自己的基礎生活保障吃一顆定心丸。

實際上，被我們所忽略的是，保險公司推出的各種花樣翻新的產品，不僅僅是一種消費品，而且更是一種具有資產配置價值的投資品。

這些年來，隨著各大保險公司的總資產和保費收入不斷上升，保險公司手中可以調動的資金不斷累積。

從投資範圍來說，保險公司是一個優於銀行、證券、基金、信託的萬能牌照。如果不考慮支付的話，金融機構都願意染指保險公司，而保險公司卻沒有染指其他金融行業的天然慾望。

巴菲特就是通過持有波克夏・海瑟威哈撒韋保險公司，利用其數額龐大且成本幾乎為零的保險浮存金，來進行投資活動，從而賺取了數千億的美元。迄今為止，波克夏・海瑟威公司的年複合增長率達到了 20.3%，公司的每股帳面價值從當年的 19 美元上升到 70.5 美元。

浮存金是一項保險公司持有但並不屬於保險公司的資金，在保險公司的營運中，浮存金產生的原因在於，保險公司在真正支付損失理賠之前，一般會先向投保人收取保費，這期間保險公司會將資金運用在其他投資上。

用有錢人的思維賺錢
最輕鬆的投資入門，甩開定存的吃土人生

隨著資金越積越多，也有了越來越大的投資權限，保險公司的目標自然是希望強化使用效率，賺取更多的錢。而數據顯示，這些年來保險資金的收益率，也呈現出不斷攀升的趨勢。

所以，不能把一份保險的保障功能和投資功能混為一談，最好事先確定其作用，然後才能進一步做好資產組合配置。跟著保險公司一起賺錢，應該是我們作為投資者的一個選項。

1. 具有投資屬性的保險

從精算角度來看，保險理財產品的競爭力主要在兩點：一是初始費用（產品設計時已經確定下來），二是保險公司資管水準給予投保人的投資回報力度。

從投資這個角度來看，保險理財產品中有的不錯，有的爭議很大。如很多人都認為理財類保險，除非有家族財富傳承、避稅等特殊需求，否則從長週期看收益不高，價值不大。

具有投資屬性的保險產品主要集中在壽險，有以下兩種：

分紅保險，簡稱分紅險。

萬能壽險，簡稱萬能險。

(1) 分紅險

分紅險是比較常見的一種，它是指保險公司發行，並每年根據實際營運情況，按照規定不低於 70% 的標準，將盈餘分配給被保險人的人壽保險。被保險人可以有壽險保障，同時還可以享受盈餘收益。

第六章　投資理財產品如何選擇
三、保險公司發行的理財產品

　　看起來好像不錯。但收益跟保險公司的營運狀況直接掛勾，如果某一年經營業績好，則分紅多一點；業績不好，零分紅也很有可能。關鍵點在於，分紅的來源非常複雜，而且很不透明。

　　關於分紅險的收益，有兩個關鍵詞是需要仔細掂量的：預期收益和實際收益。

　　預期收益是保險人員在銷售產品時向投保人演示的，只具有參考價值。

　　實際收益則取決於保險公司的投資理財能力，這是分紅險獲得的確定收益。

　　購買分紅險產品的投資者要分清楚這兩個概念，坦然接受收益的浮動。雖然分紅險在收益上可能讓人感到不太滿意，但它的穩定性，還是吸引了不少投資者。

　　值得注意的是，銷售人員在推銷產品時，往往會誇大收益率，比如說一個往年分紅中比較高的預期收益6%，但它並不代表平均收益，可能只是最近幾年極高的一個水準。

　　而且，分紅險有固定繳費期限，且有很長的封閉期，短則5年，長則10年以上，如果想提前退保，保險公司會收取不菲的費用，本金都要虧掉一部分。如果看重短期收益，那就建議不買分紅險產品。

　　儘管如此，分紅險作為理財產品仍然具有其優勢，比如說可以防範債務風險，實現個人資產與企業資產的有效隔離，實現財富傳承功能。因此，它更適合富人作為財富傳承工具投資，如香港的一些分紅

用有錢人的思維賺錢
最輕鬆的投資入門,甩開定存的吃土人生

型保險 CP 值不錯。

過去,保險公司很容易被人詬病,其中很大一部分原因就是大部分分紅險的收益率很低,長期平均收益(內部收益率)往往只有 4%,甚至在其大行其道的時候,不少產品最終的實際年收益率還不足 2%。

也許是在其他眾多可投資理財產品的「圍攻」下,分紅險的收益率正在逐漸上升,基本上可以實現年均 5% 左右的收益率。不過,由於分紅險是理財保險最具有保障性質的產品,導致其理財屬性相對較弱。

分紅險與其他理財產品比較

	理財工具	收益	風險	流動性	起投門檻
	貨幣基金	3%~5%	低	T+1	0.01 萬元
	銀行理財	3%~6%	中低、低	固定期限	1 萬元/5 萬元
券商理財	報價回購產品	3%~4%	低	多數有固定期限	1,000 元
	資產管理計劃	3.8%~6%	中低	多數有固定期限	5 萬元
保險理財	養老保障	3%~5%	中低	固定期限或活期	1,000 元
	分紅險	3%~6%	中低	5~10 年(或以上)	1 萬元

總體來說,分紅險適合有穩定收入且不急於使用部分資金的投資者,可以為未來資產保值,或者給孩子儲備未來的生活資金。

而對於那些急於尋找儲蓄替代品的投資者來說,可能分紅險並不是首選,因為分紅主要取決於保險公司的業績狀況,投資收益並不能得到保證,很可能會低於銀行定期存款的利率。

第六章　投資理財產品如何選擇
三、保險公司發行的理財產品

(2) 萬能險

與分紅險相比，萬能險在市場的口碑要好很多。它是指可以任意支付保險費，以及任意調整死亡保險金給付金額的人壽保險。

一個人買了萬能險，其中的保費拆成了三部分：一部分是保障成本，一部分是保險公司的管理費用，還有一部分是保險公司替你理財的資金。

它的繳費方式十分靈活，除了第一次保費必須按時繳納外，你可以根據人生不同階段的保障需求和財力狀況，隨時調整保費、繳納期、確定保障與投資的比例。同時，如果你急於用錢，還可以隨時取出部分，但會相應調整你的保額。

通常情況下，在投資的最初一年裡保險公司扣除萬能險手續費的比例較高，實際進入投資帳戶的資金較少。但隨著時間的推移，扣除手續費的比例會越來越低，因此萬能險需要長期投資才能體現收益。

另外，萬能險是包含保險保障功能並設有單獨保單帳戶的人身保險產品，與分紅險、投連險一同屬於人身保險新型產品。除了具有傳統壽險一樣給予生命保障外，萬能險還可以讓投資者直接參與為投保人建立的投資帳戶內資金的投資活動，將保單的價格與保險公司獨立運作的投保人投資帳戶資金的業績聯繫起來。

那麼，什麼人適合買萬能險呢？可以從下列五項標準來衡量：

有穩定持續的收入。

有一筆多餘資金且長期內沒有其他投資意向。

用有錢人的思維賺錢
最輕鬆的投資入門，甩開定存的吃土人生

  有一定的投資和風險承受意識，但沒有時間和精力進行其他投資。

  對收益回報有中長期（至少在 5 年以上）準備。

  有兼顧投資收益及人身保障的需求。

  如果具備以上五條，你適合購買萬能險；具備三條以上，萬能險是很值得考慮購買的險種；如果是只具備其中兩條或更少，就需要慎重考慮了。

  在購買萬能險時，建議投資者注意以下三個問題：

  萬能險需要初始費用，一般是 8‰。

  投保週期較長，未到期退保需要支付百分之幾的退保費，收益可能不夠涵蓋支出。

  萬能險的保障功能很弱，幾乎起不到多少保障功能。

  萬能險比較適合中高收入人群，短期投資者應繞道而行。

2. 養老保障委託管理產品

  除了上述具有投資屬性的保險類產品，其實保險公司也有自己更純粹一些的產品，只是做投資理財，如越來越火的養老保障委託管理產品。

  簡單來說，就是我們可以把錢交給養老保險公司，託付給它們來運作資金，並給予我們非保障的回報，也可以理解為是養老保險公司向個人或機構發售的理財產品。

第六章　投資理財產品如何選擇
三、保險公司發行的理財產品

養老保險公司可以接受機構或或者個人的委託，為其提供養老保障以及養老保障相關的資金管理服務，但和養老保險產品具有保險的性質，都有風險保額不同，養老保障委託管理產品並不具備保險保障的功能，不屬於保險產品。

養老保障委託管理產品分為團體產品和個人產品，我們主要講跟自己息息相關的後者。按照產品申贖模式，可以分為開放式產品和封閉式產品。

開放式產品的基金份額總額不固定，收益隨淨值波動，投資者可以根據自己的需要進行繳費或領取，類似公募基金。

封閉式產品約定了一個固定封閉期間，在 7 天、30 天、180 天甚至 2 年不等，在封閉期內基金份額不得提前申請領取，類似於銀行定期理財。

從投資範圍來看，養老保障委託管理產品又分為權益型產品、固定收益型產品、貨幣型產品、另類資產型產品和混合型產品。

權益型產品：60% 以上的資產投資於權益類資產。

固定收益型產品：80% 以上的資產投資於固定收益類資產。

貨幣型產品：80% 以上的資產投資於流動性資產。

另類資產型產品：80% 以上的資產投資於不動產、非標資產等其他資產。

混合型產品：可投資於流動性資產、權益類資產、固收或另類資產，投資比例不受限制。

用有錢人的思維賺錢
最輕鬆的投資入門,甩開定存的吃土人生

　　一般來說,養老保障管理產品投資風險相對較低,幾乎不會出現大起大落的情況,屬於穩健型的投資產品。

　　淨值型產品沒有預期收益率,而是根據市場實際投資收益來計算,它要把所有投資獲得的收益都歸還投資者,保險公司僅收取合約約定的管理費。所以,淨值型產品屬於非保本浮動收益型,不承諾固定收益,但長期持有虧損的風險機率非常低。

　　從投資標的來說,養老保障委託管理產品預期收益會高於貨幣基金,但長期營運達到 8%+ 也是不現實的,4%~5% 的年收益率比較可能。

養老保障委託管理產品與其他理財工具對比

理財工具		收益	風險	流動性	起投門檻
貨幣基金		3%~5%	低	T+1	0.01
銀行理財		3%~6%	中低、中	固定期限	1 萬元/5 萬元
券商理財	報價回購產品	3%~4%	低	多數有固定期限	1,000 元
	資產管理計劃	3.8%~6%	中低	多數有固定期限	5 萬元
保險理財	養老保障委託管理產品	3%~5%	中低	固定期限或活期	1,000 元

四、銀行、券商、保險公司，誰的理財產品更值得買

這個問題沒有標準答案，一切的判斷，都基於你自身的實際情況和需求，可以採用排除法，首先把那些不適合你的產品剔除掉，如風險太大、期限太長、門檻過高等的產品。

總體上來說，銀行理財不能投資境內二級市場公開交易的股票，或與股票相關的證券投資基金。而券商的集合資金管理計劃卻可以，因為它在股權類資產投資上具有優勢，在收益上會略高於銀行理財，但其投資中高風險的資管計劃產品，收益差別很大。

銀行、券商、保險公司這三類理財工具的安全性都比較高，保險理財長期來看收益率在三者中相對較低一點（但也不明顯），如果有避債需求的話可以優先考慮。

從投資研究實力來看，相對銀行和保險公司而言，券商的專業性較強，但融資管道略顯單一，因此券商在推出某款產品的時候收益率一般會比其他兩者略高一些。

特別是節假日或者年末等時候，券商的資金往往都比較緊張，這期間推出的理財產品收益都不錯，年收益率能達到 4%~5%，甚至 7% 左右。所以，比較適合股票帳戶裡有閒餘資金的投資者，利用券商 APP 做個短期的投資，提高資金的使用效率。

當然，如果這些條件都不適合你，只想做懶人理財，那麼銀行推

用有錢人的思維賺錢
最輕鬆的投資入門,甩開定存的吃土人生

出的自營理財產品可以考慮。特別提醒的是,不管是銀行、券商還是保險公司,都盡量不要考慮它們推出的結構化理財產品,其所需要的風險承受能力,絕非投資新手所能達到。

第七章
基金投資,最簡單的賺錢工具

用有錢人的思維賺錢
最輕鬆的投資入門,甩開定存的吃土人生

如果你不懂股票、不看財務報表、不怕下跌,希望投入較小的精力就能獲得長期回報,那麼作為投資新手一看就懂的穩健投資策略,指數基金不失為一個好的選擇。

> 成本低廉的指數基金,是過去 35 年以來最能幫投資者賺錢的工具。
>
> ——華倫巴菲特

過去,我們除了把錢存放在收益率非常低的「儲蓄」裡,幾乎沒有其他的投資管道,只能眼睜睜地看著通貨膨脹不斷吞噬自己的財富。

但如今,我們面臨的問題,已經不再是投資管道的匱乏,而是太泛濫了,無從下手,而且很多投資管道險象叢生。例如最近幾年,P2P 平台爆雷、比特幣腰斬動輒數百億元以上的金融詐騙案屢屢發生,很多投資者血本無歸。那麼,有沒有一種穩定、長期可靠,並且能夠帶來令人滿意回報的投資產品呢?——基金,就正是這樣一個合適的選擇。

這樣說吧,如果你曾經買過街口託付寶,那你就算是一個基金投資者了,因為街口託付寶就是一款貨幣型基金,它有點像類似活期儲蓄隨取隨用的「現金替代品」。

有人說,買基金有什麼意思呀,漲得太慢了,什麼時候才能賺到錢?也有人抱怨說: 為什麼別人都賺翻了,而我買的基金卻總是虧

第七章　基金投資，最簡單的賺錢工具
四、銀行、券商、保險公司，誰的理財產品更值得買

錢，最後都割肉賣了呢？你是不是也有過類似經歷？其實，即使你沒賺到錢，錯並不在於基金，而在於你對它並不瞭解，不知道這些品種繁複的基金到底有什麼投資價值，該怎麼投資。

但是，作為一種門檻很低的投資方式，基金已經越來越多地融入我們的投資行為之中，可以讓我們用很少的錢，就能參與各種豐富的投資。而且，只要掌握了正確的投資方法，通過基金獲取合理穩定的收益率並不難。

用有錢人的思維賺錢
最輕鬆的投資入門，甩開定存的吃土人生

一、基金

　　基金是一種間接的證券投資方式。基金管理公司通過發行基金，把投資者的資金集中起來，由基金託管人（具有資格的銀行）託管，然後交給基金管理人管理和運用資金，投資於股票、債券等金融工具，然後共擔風險、分享收益。

　　簡單地說，就是大家把錢集合在一起，交給專業人士，也就是基金經理進行打理，由他們來幫助投資。基金管理公司收取一定的費用，如管理費、申購費等，扣除這些費用後，不論是賺還是賠，均由投資者承擔。

　　舉個例子，買基金有點像去餐廳，首先得挑選一家適合自己口味的餐廳，川菜、粵菜、杭幫菜。進入後再根據菜單來點菜。在實際投資中，這就類似選擇了自己不適合的基金投資品種，虧損的可能性就大大增加。

　　因此，要選擇適合自己的基金，我們就要先瞭解不同類型基金的收益和風險特徵，然後根據自己的風險承受能力和投資目標來進行選擇，最後在某一類型的基金裡再挑選具體的某一款基金。

1. 為什麼要買基金

　　權益類投資，是指投資於股票、股票型基金等權益類資產。相對來說，權益類投資的收益會遠高於其他類型的投資產品，所以它已經

第七章　基金投資，最簡單的賺錢工具
一、基金

成為投資理財中不能忽視的重要部分。

但對於初涉投資的新手來講，我不太建議大家貿然衝進股市，赤膊上陣去廝殺，無疑會被收割。股票投資遠不是簡單看盤、瞭解 K 線和 MACD 指標這麼容易，並且我極其反對研究圖標、曲線、技術分析，但大多數投資股票的人可能連基本的財務報表都看不懂，就殺進去「賺大錢」。這跟賭博毫無二致。

每個投資者都希望收益高一點，投資股市又不能視若無睹，怎麼辦呢？答案當然是買基金了，而且其 CP 值還比較高。總體來說，基金投資有如下幾個優勢。

(1) 更專業

要想真正投資股票，需要不少專業知識和累積，如經濟學、會計、財務、數學統計等，還需要對多個特定的行業（如消費品、醫藥、製造等）有一定深入的研究，難度非常大。基金經理們不僅畢業於國內外名牌大學，而且每天的工作就是研究、分析，天然具有資訊和投資研究能力優勢，在專業性上必然對散戶具有碾壓態勢。

(2) 更分散

我們都知道資產配置的重要性，至少不能把雞蛋放在一個籃子裡，而基金經理們往往都會選擇不同行業的數十只股票投資，避免某一只股票大幅下跌甚至破產退市的風險過於集中。而且，對於團隊作戰的機構來說，他們還會通過投資不同大類資產，包括避險基金等，實現股票、債券、大宗商品切換，把風險進行有效分散，在同等條件

用有錢人的思維賺錢
最輕鬆的投資入門,甩開定存的吃土人生

下爭取更大的收益。

(3) 免操心

專業的事情交給專業的人去做,既保證了效率,讓我們從每天揪心的看盤中解放出來,免去了具體的演算、測評、推理等瑣碎的投資工作,節省精力做自己想做的事情,如安心工作賺更多的錢投資,或者把生命「浪費」在美好的事物上。打個比方,自己開車需要精神高度集中,坐計程車和 Urber 就不一樣了,可以在上車以後看書、聊天、滑手機、玩遊戲,基金也是如此。

(4) 更靈活

一般來說,即使基金的某一款產品往往都會募集數十億元、甚至上百億元,具有比散戶大得多的規模優勢,可以不被資金門檻限制,投資管道更靈活更豐富。例如,透過基金可以輕鬆打到新股,透過定增基金隨時可以參與機構才有資格玩的公司股票定增等,買入的價格低自然獲勝的機率更大。

當然了,儘管買基金有這麼多的好處,但我們還是要明確最重要的一點——要去目的地的人是你自己,所以必須把握主動。隨時觀察路況,看看車開到哪裡了,定期關注市場消息和淨值波動。如果這條路太堵,那就果斷換一條路線,也未嘗不是明智的選擇。

2. 這幾個概念要知道

儘管買基金本質上是專家理財,不用關注每天的漲漲跌跌,估算

第七章　基金投資，最簡單的賺錢工具
一、基金

基金的本益比曲線，細分基金裡持有的各類資產，因為你已經花錢（管理費等）雇了基金經理來管理。但有些關於基金的基本概念，最好還是能夠做到心中有數，如怎麼理解基金的份額、基金的淨值，怎麼看待自己的盈虧，還有紅利再投資與現金分紅的選擇，等等。

(1) 基金淨值

基金的淨值一般是指單位淨值，基金的單位淨值即每份基金單位的淨資產價值，等於基金的總淨資產除以基金的單位份額總數。其計算公式為：基金單位淨值＝總淨資產/基金份額。簡單地說，就是每一份額值多少錢。

開放式基金的單位總數每天都不同，必須在當日交易截止後進行統計，並與當日基金資產淨值相除，得出當日的單位資產淨值，以此作為投資者申購和贖回的依據。

單位基金淨值是反應基金績效表現的一個重要指標，開放式基金的交易價格就是以每基金單位的淨值為依據確定的。由於基金所擁有的資產的價值總是隨市場的波動而變動，所以基金淨值也會不斷變化。

還有一個概念叫作「累計基金淨值」，是指基金的最新單位淨值與基金成立以來的累計分紅派息之和，就是基金成立以來所取得的累計收益，可以用累計淨值來觀察基金在運作期間的歷史表現，它屬於一個參照值。

舉個例子，假設 2019 年 5 月 5 日某一基金單位淨值是 1.0486 元，

用有錢人的思維賺錢
最輕鬆的投資入門，甩開定存的吃土人生

2019 年 7 月派發的現金紅利是每份基金單位 0.025 元，則累計淨值 = 1.0486+0.025 = 1.0736（元）。

(3) 現金分紅和紅利再投資

現金分紅好理解，就是將分紅以現金的形式還給你；紅利再投資，就是把你應得的分紅紅利作為本金，轉換成基金份額，再次進行投資。紅利再投資的基金份額不用繳納申購費用，而現金分紅時代銷商（如銀行）可能會收取一定的手續費。

儘管現金分紅看著挺誘人，但是紅利再投資是一種複利增值，收益著眼於未來，也就是「滾雪球」。相比之下，現金分紅就是單利增值，收益是確定了的。

究竟選擇現金分紅還是紅利再投資，這要結合你自己的實際情況，並結合市場行情進行選擇。如果你想繼續投資，看好後市行情，對這支基金也有信心，就選擇紅利再投資，可以免去申購費，降低投資成本。

還有一種情況可供參考。有的人（如退休後的老人）利用閒錢買一大筆基金，靠每年的分紅作為一種收入，可以選擇現金分紅，因為你贖回基金也要收手續費，選擇現金分紅就可以免掉了。如果你對市場信心不足，預期分紅後基金的淨值會下跌，也可以選擇現金分紅。

3. 基金有哪些類型

在瞭解上述內容後，我們還得知道，目前市場上都有哪些類型

第七章　基金投資，最簡單的賺錢工具
一、基金

的基金。買基金最常見的問題，就是在買之前，不清楚基金背後的東西，只是單純看到收益不錯，就抓緊下手了。這有點像談戀愛，你都不深入瞭解對方，僅憑容貌就匆忙結婚，如何做到長久地相濡以沫呢？

(1) 按投資策略劃分

我們可以按投資策略，也就是基金經理管理基金的不同方法，把基金分為被動基金和主動基金。

被動基金一般指的是指數基金，就好像餐廳提供的菜品搭配，基金經理只要按照指數的規定，直接投資於指數裡包含的股票即可，通常也稱為「指數基金」。

每個交易所裡都有很多股票，而每只股票的價格都在隨時變動，波動起伏。而指數就是一個能夠及時反應股票市場整體漲跌的參照指標。

指數基金就好像是指數的影子，它是以某個特定的指數為目標，通過購買指數中的成分股來構建投資組合，通過跟蹤指數，力求做到跟指數如影隨形。

基金經理不用在選股這件事情上費腦筋，只要直接投資指數即可。

另外，ETF 也是一種在場內（證券交易所）交易的指數基金。但跟其他指數基金不同的是，ETF 的交易機制很複雜，需要的資金門檻也較高，基金公司為了讓普通投資者也能輕鬆投資，就複製了 ETF

用有錢人的思維賺錢
最輕鬆的投資入門，甩開定存的吃土人生

的投資組合，推出了 ETF 連結基金。

和被動基金相反，主動基金就是尋找取得超越市場平均收益業績表現為目標的一種基金，需要基金經理花費非常多的時間、精力去選股、選債，對證券市場進行深入研究，主動選擇股票和債券來確定投資組合。

也正因為主動基金人為操作的因素比被動基金要多，所以選好基金公司、基金經理就十分關鍵。另外，主動基金需要很多的管理成本（主要是人力），不像被動型基金，把資金募集後按比例投入到相應的股票即可。

(2) 按投資地域劃分

按投資對象所處的地域，我們還可以把基金分為投資國內證券市場的基金和投資國外市場 QDII 基金（合格境內機構投資者）。簡單地說，QDII 基金就是經過認可的境內金融投資機構，將我們的錢投資到境外資本市場上去，是一種進行海外資產配置的投資選項，可以較好地分散風險。

(3) 按投資對象劃分

我們按投資對象，還可以將基金分為股票型基金、貨幣型基金、債券型基金和混合型基金。

一是股票型基金。基金資產不能低於 80% 的比例投資於股票，稱為股票型基金。投資股票的比例很高，自然風險也較其他基金類型較高，但長期收益也最高。

第七章　基金投資，最簡單的賺錢工具
一、基金

　　那些價格被低估的股票稱為價值股，那些發展前景好、利潤增長迅速的股票稱為成長股。股票型基金進一步細分，專注於價值股投資的是價值型股票基金，而專注於成長股投資的是成長型股票基金。還有一種叫作平衡型股票基金，是指一部分投資價值股，一部分投資成長股的基金。

　　由於投資股票的性質不一樣，因此風險也不同。一般來說，價值型股票基金風險最低，平衡型股票基金風險居中，而成長型股票基金的風險最高，但它的長期收益也是最高的。

　　此外，還有按照行業和主題來區分的股票型基金，如消費行業基金、網路行業基金、低碳環保主題基金等。還有根據股票規模進行分類的，如大盤基金、中小盤基金等。

　　二是貨幣型基金。顧名思義，貨幣型基金是指投資於風險小的貨幣市場的基金，一般投資期限在1年以下，投資品種主要包括央行票據、同業存款、銀行短期存款、國家和企業發行的1年以內的短期債券等。這些投資品種可以較好地保障本金的安全，自然風險和長期收益也是最低的。

　　貨幣型基金的收益會高於同期的銀行活期存款，目前的收益率普遍在年收益率 3%~4%。由於投資的是一年以內的金融產品，貨幣型基金的變現能力很強，大部分貨幣型基金都支持當天贖回當天到帳。

　　三是債券型基金。債券就像借錢時打的欠條，借錢的人在欠條上寫好什麼時候還，利息多少。差異在於，債券是機構為了募集資

用有錢人的思維賺錢
最輕鬆的投資入門,甩開定存的吃土人生

金而發行的。根據發行機構的不同,又細分為政府債、金融債、企業債等。

債券型基金 80% 以上的資產都要投資於債券,剩餘的少量資產,可以投資於股票市場。一般來說,債券型基金的長期收益比貨幣型基金要高。相對於股票型基金,債券型基金的收益較低,但在股市出現劇烈震盪的時候,債券型基金的收益也相對穩定。

四是混合型基金。混合型基金可以同時投資於股票、債券和貨幣市場等多種金融工具,而且投資比例沒有嚴格限制,非常靈活,基金經理可以根據市場的變化調整投資策略。比如說,當股市上漲,可以加大股票投資力度、降低債券的配置比例;當股市下跌,又可以反向操作,增加債券的投資比例,迴避股市的高風險。

混合型基金比股票型基金的風險要低,而且長期收益要高於債券基金。比較適合風險承受能力一般,但又希望在股市上漲中能有所收穫的投資者。

上述四種基金,按照風險由低到高的順序排列為:貨幣型基金<債券型基金<混合型基金<股票型基金。大家在投資之前,要先瞭解不同類型基金的投資風險,再根據自己的風險承受能力和預期收益率來選擇。

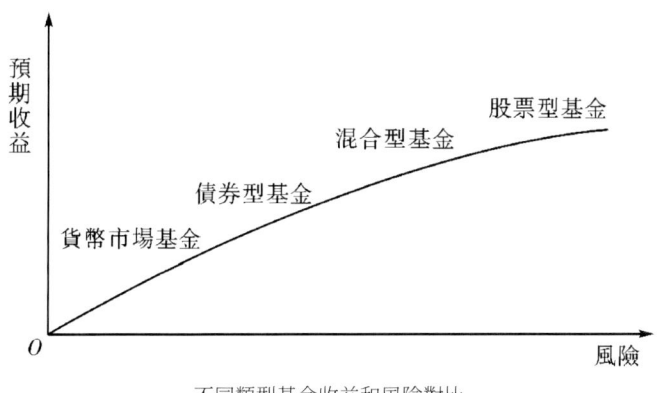

第七章　基金投資，最簡單的賺錢工具
一、基金

不同類型基金收益和風險對比

那該如何辨別基金的類型呢？一般在基金產品的說明書裡，都會有「基金類型」的介紹。

另外還有一種更有效的方法，那就是看簽署基金合約裡「資產配置」一項，根據投資標的所占比例判斷所購買這支基金的類型。

例如，一支基金的「資產配置」欄裡顯示，它的股票占比達到80%以上，則該基金就是股票型基金。

這有什麼意義？通過瞭解基金類型，即可大致知道這支基金的風險水準。

例如，如果你不願意為了博取高收益而冒太大的風險，那麼股債平衡型之後的幾類基金最好不要碰了。

用有錢人的思維賺錢
最輕鬆的投資入門，甩開定存的吃土人生

4. 如何挑選優質基金

基金投資是委託理財，其風險性和收益率的高低，很大程度上取決於最初各種比較之後所挑選的基金的優質與否。主要從以下幾個方面入手：

(1) 看基金風險

根據前面提到的基金類型，來判斷不同基金之間的風險水準，然後再回過頭來看一看基金最近 3~5 年收益率的波動幅度，如果起伏太大，超過 50% 的幾乎可以排除掉。

(2) 看基金收益

任何基金的收益都不是呈水平線爬升的，而是上下波動起伏，可以通過第三方平台查詢基金收益排名，挑選出最近 1 年、2 年、3 年排名靠前的基金，不論是否購買，可首先建立一個屬於自己的基金「種子池」。

(3) 看基金規模

通常情況下，基金規模越大，賺錢就會越難。募集資金規模為 1 億 ~10 億元最好，30 億 ~50 億元的基金應保持謹慎，超過 100 億元則盡量避開。

(4) 看基金經理

如果把基金投資比喻為一場賽馬，除了馬、賽道之外，另一個重要的取勝因素在於騎手，也就是負責操盤的基金經理。建議選擇從業 3 年以上的老手管理的基金，他們經歷過各種跌宕起伏，具有相對豐

第七章　基金投資，最簡單的賺錢工具
一、基金

富的實踐經驗。另外，務必再參考一下這個基金經理曾經管理過的其他基金的歷史收益表現，綜合篩選。

通過上述方法逐一分析比較，挑選出若干支優質的基金，然後從中再遴選出 3~4 支基金分散投資即可。記住，不要一次性全倉投資，可以把資金切割成若干份，分批次定期購買。對新手來說，最好採用每月定投的方式投資，長期風險更小、收益更可靠。

5. 基金投資的三大紀律

每個投資者都是為了賺取更多的錢而選擇投資的，這原本無可厚非。但很多時候，糟糕的心態往往是阻擋我們賺錢的最大障礙。

2005-2015 年，所有的公募基金在過去 11 年時間裡，賺錢的機率是 82%，每年的平均收益率為 19.2%，年收益率約為 16%（其中只有兩年的收益為負），能賺到這個市場的平均收益，就已經非常不錯了。股神巴菲特的長期回報率約為 21%。

然而，一個殘酷的事實是，雖然基金總體上是賺錢的，但 60% 以上投資基金的人卻是虧損的。為什麼會出現這種背離效應呢？——投資心態，在這個過程中扮演了至關重要的角色。如何調適自己的心態，請遵守如下三大紀律。

(1) 要有長期投資的理念

任何市場上，其實都充滿了各種各樣的風險，沒有這個「黑天鵝」，就有那個「灰犀牛」，沒有人能夠保證今天買入一支基金，明

用有錢人的思維賺錢
最輕鬆的投資入門，甩開定存的吃土人生

天就一定能夠賺錢，即使是風險系數最低的貨幣基金，也並不是保本產品。

所以，投資任何類型或產品的基金，都會充滿不確定性的風險，而風險是需要時間來進行消化的。沒有做好長期持續的投資準備和計劃，就不要隨便買入基金，否則虧損的機率遠遠大於賺錢的機率。

即使是再有實際操作經驗的基金經理，都難免會出錯，而出錯所帶來的損失是無法通過短期盈利來彌補的。記住，時間是投資最好的朋友。

(2) 追求收益的穩健增長

無論是股市，還是基金投資市場上，那些頻繁地買進賣出、跟風炒短線的人，幾乎最後都被無情地收割，把辛苦賺來的錢虧損掉。

這一類人，幾乎都有一個共同點，那就是存在一夜暴富的僥幸心理，期望著今天投入 10 萬元，明天就能夠賺到 20 萬元、30 萬元，收益率達到 100%、200%。誰都想躺著賺，但又有幾個通過賺快錢而實現財務自由的人呢？並不是什麼錢都能賺到的，關鍵在於你是否具有與之匹配的能力。換句話說，首先要確定自己能力範圍的邊界，賺自己能夠賺得到的錢，如賺取市場平均收益，切忌想入非非。

(3) 尋找功能互補的組合

市場永遠是輪動的，有時候價值股漲得好，有時候成長股漲得好，有時候消費股好，有時候週期股好。上漲時滿倉持有自然業績好，下跌回撤時擇時而動的要撿便宜。所以，只要有明確風格的基

第七章　基金投資，最簡單的賺錢工具
一、基金

金，一般業績都不會穩步上升，它會有明顯的市場適應度。

你肯定會問：那不如選擇一些「單項冠軍」？資產組合一節已經講過了，約 91% 的成功投資者都不會在單一投資品種上孤注一擲。長期持有一支或少數幾支「單項冠軍」，業績波動跌宕起伏，長期收益未能見得一定就好。所以，以合理的方式，尋找各種市場功能互補的「單項冠軍」組成一個戰隊，平衡和對沖各自有可能產生的風險，取勝的機率大得多。

6. 買基金，這些費用一定要知道

買基金的時候，很多人對基金的各項費用比較迷糊，甚至有人還認為買基金不需要任何費用，但這些被忽略的費用其實經常會影響我們最後的收益。

通常情況下，一支基金的運作需要基金公司發行，募集投資者的資金，然後交由基金經理具體操作，買入一籃子股票或者債券等，這其中就涉及基金的申購費、贖回費、託管費、管理費、轉換費等。

我們在買基金的時候，被直接從帳戶裡扣除的就是申購費、贖回費以及基金的轉換費。

前面章節裡，我們已經提及關於基金的各種購買管道，而不同的購買管道的基金費率會不一樣。最常見的基金購買管道有四類：銀行、證券公司、基金公司和第三方代銷平台。它們所對應的費率差異較大，下面就具體來說一說。

用有錢人的思維賺錢
最輕鬆的投資入門，甩開定存的吃土人生

(1) 銀行代銷

在銀行買基金，有點像在線下實體店買東西，因為分行眾多，投資者存取款方便。其缺點是投資者辦理手續需要往返零售櫃台，且每個銀行分行代銷的基金公司產品有限，一般以新基金為主。

最重要的是，銀行在基金的申購費用上幾乎不打折，往往只按照標價收取申購費。具體費率如下： 貨幣基金沒有申購費，債券基金為 0.6%~0.8%，股票型基金為 1%~1.5%。波動性越大，申購費就越高。

(2) 基金公司直銷

這個就好理解了，比較像在直營店買東西，因為「沒有經銷商賺差價」，所以往往會打折優惠。如果對某一支基金不滿意，要換為另一支，可以直接轉換，而不用重複交申購費，補齊申購費差價即可。

它的優點是可以透過網上交易實現開戶、認（申）購、贖回等手續辦理，享受交易手續費等優惠，不受時間地點的限制。

缺點是投資者要具備相應設備和上網條件，懂得一定的網路知識和運用能力。此外，基金公司的產品單一，選擇較少，投資者要想購買多家基金公司產品，往往需要在多家基金公司辦理相關手續，投資管理比較複雜。

(3) 證券公司代銷

證券公司一般都代銷大多數基金公司產品，選擇面比較廣泛，證券公司的客戶經理具有一定的專業投資能力，能夠提供一些初步的分析建議，也可以通過證券公司網上交易、電話委託事項基金的各種交

第七章 基金投資，最簡單的賺錢工具
一、基金

易手續辦理。投資者的資金存取通過銀證轉帳進行，將證券、基金等多種產品結合在一個帳戶內管理。它的缺點在於，證券公司的線下分行相比銀行櫃台少，第一次辦理業務需要到證券公司分行。

(4) 第三方基金代銷平台

除了上述三個買基金的管道外，我們首選第三方基金代銷平台。它的手續費最低，可以優惠到一折起，而且品種更齊全。。

買賣基金的常見費用

費用名稱	費率	收取方式	熱點
申購/認購費	貨幣基金：0 債券基金：0.6%~0.8% 股票型基金：1%~1.5%	根據買入基金金額按比例收取	波動性越大，費率越高
銷售服務費	一般為 0.25%~0.5%	根據基金總資產計算，在公布淨值時已經扣除	收取銷售服務費的基金（如貨幣/C 類債券）通常不收取申購/贖回費
管理費	由基金管理團隊收取。不同的基金，收取的管理費用不同	根據基金總資產計算，在公布淨值時已經扣除	
託管費	每年為 0.1%~0.2%	根據基金總資產計算，在公布淨值時已經扣除	
贖回費	約 0.5%	根據賣出基金數量按比例收取	持有時間越長，費率越低

一般基金持有原則是堅持中長期投資，持有的時間越長，基金費用就越低，這個非常有利於做長期基金定投。短期頻繁贖回會在不知不覺中增加你的投資成本，大機率賺不到太多的錢。持有時間越長，

用有錢人的思維賺錢
最輕鬆的投資入門，甩開定存的吃土人生

反而在贖回費用上有「撿便宜」的機會，因為可以免費贖回。

　　費用是基金投資的一大殺手，對我們的收益會有不小的影響。購買基金時，別忘了看看這些基金費用明細，積少成多，小錢也是錢。

第七章　基金投資，最簡單的賺錢工具
二、指數基金

二、指數基金

我們先來做一個假設，你現在掌握了一個正確的投資策略，可以長期獲得 15% 的年複合收益率，那麼你手裡的 100 萬元，在 50 年後，會變成多少錢？約為 10.83 億元！

複利計算公式：

$F=P(1+i)^n$

註：F= 投資期末資金，P= 最初本金，i＝年複合收益率，n＝投資年限

但是，如果你沒有相對應的投資能力，只能把錢投入到年收益率 5% 的國債中，那麼 50 年後，你手裡的 100 萬元僅變成 1100.47 萬元，是 10.83 億元的百分之一。

這就是複利的威力。

而複利的關鍵在於，如何獲取長期穩定的投資收益。看起來，投資工具這麼多，到底哪種方法簡單可行又有效？

聰明的你可能注意到了，通過複利賺錢有一個最大的前提，那就是必須具備相應的投資能力！ 這就阻止了絕大多數人實現財務自由的夢想。那有沒有「躺著就能賺」的投資品？還真有！ 這就是我們接下來將介紹的一種適合上班族的複利工具——指數基金。

簡單來說，基金就像一個籃子，這個籃子裡面可以按照預先設定好的原則，裝入一些市場上我們看好的資產。例如：

用有錢人的思維賺錢
最輕鬆的投資入門，甩開定存的吃土人生

裝入各種短期債券、短期理財、現金，就是貨幣基金。

裝入各種企業債、信用債、國債，就是債券基金。

裝入各個公司的股票，就是股票基金。

裝入股票和債券，還有短期理財等，就是混合基金。

如今，股票已經成為長期增值速度最快的資產，這一認知已經得到充分論證。所以如果我們買入股票型基金，也可以獲得最快的增值速度。

現在的股票基金太多了，本節重點介紹的是其中的指數基金，這也是股神巴菲特唯一在公開場合多次推薦的基金品種——指數基金。早在 1993 年，巴菲特就說：

通過定期投資指數基金，一個什麼都不懂的業餘投資者竟然往往能夠戰勝絕大部分專業投資者。

2007 年，巴菲特打賭在接下來的 10 年中，如果職業投資人至少選擇 5 支避險基金，那麼這個組合會落後於標準普爾 500 指數基金。他選擇了一支低成本的先鋒 500 指數基金。

隨後，在 2002-2007 年取得扣除費用後淨回報率高達 95% 的避險基金經理泰德西德斯接受了賭局，他選定了 5 支避險基金，預計它們會在 10 年後超過標準普爾 500 指數。

結果在 2015 年，泰德西德斯提前認輸了。最終的結果是，2016 年年底標準普爾 500 指數年複合收益率 71%，而同期由職業投資人泰德西德斯挑選的基金組合，收益率只有 22%。2016 年，巴菲特在致股

第七章 基金投資，最簡單的賺錢工具
二、指數基金

東的信裡，披露了9年間兩者的業績表現。

泰德西德斯 VS 巴菲特收益對比

年份	\multicolumn{5}{c}{泰德·西德斯（職業投資人）}	巴菲特
	A	B	C	D	E	標準普爾500 指數基金
2008	-16.5%	-22.3%	-21.3%	-29.3%	-30.1%	-37%
2009	11.3%	14.5%	21.4%	16.5%	16.8%	26.6%
2010	5.9%	6.8%	13.3%	4.9%	11.9%	15.1%
2011	-6.3%	-1.3%	5.9%	-6.3%	-2.8%	2.1%
2012	3.4%	9.6%	5.7%	6.2%	9.1%	16%
2013	10.5%	15.2%	8.8%	14.2%	14.4%	32.3%
2014	4.7%	4%	18.9%	0.7%	-2.1%	13.6%
2015	1.6%	2.5%	5.4%	1.4%	-5%	1.4%
2016	-2.9%	1.7%	-1.4%	2.5%	4.4%	11.9%
累計收益	8.7%	28.3%	62.8%	2.9%	7.5%	85.4%

2014年，巴菲特專門立下遺囑：

如果他過世，託管人將其名下90%的現金購買指數基金。

為什麼巴菲特反覆推薦指數基金？到底它是什麼，又有什麼神奇的魅力？為什麼巴菲特說對於普通投資者來說，指數基金是最好的選擇？

用有錢人的思維賺錢
最輕鬆的投資入門，甩開定存的吃土人生

附錄：

2019 年 1 月 16 日，先鋒集團創始人、前首席執行官，被稱為「指數基金教父」的約翰博格先生去世，享年 89 歲。

1951 年從普林斯頓大學畢業後，博格開始從事投資事業。1974 年，博格斷定並不存在能戰勝市場指數的基金，開始推行以指數為基準進行投資的原則。1975 年，博格成立了先鋒公司，並於次年推出了世界上第一支指數型公司——先鋒指數基金。

在指數基金領域，博格的地位如同巴菲特在股票投資領域一樣聲名顯赫。目前，先鋒集團不僅是投資領域最受尊敬和最成功的公司之一，也是世界上最大的投資管理公司之一。

1. 什麼是指數基金

說到指數基金，必須先要搞懂什麼是指數。簡單來說，指數就是一個選股規則，它的目的是按照某個規則挑選出一籃子股票，並反應出這一籃子股票的平均價格走勢。

比如說，在任何一個股票市場裡，往往都有上千支股票，如果我們想知道整個市場的變化，整體是漲還是跌，或者某個行業的股票走勢，不可能每次都去一一查詢所有股票的價格。

有人想出了一個辦法，為了集中反應某一類股票的整體表現情況，就從這一類股票之中，選出一些最具有代表性的股票（成分股），

第七章　基金投資，最簡單的賺錢工具
附錄：

通過一定的方法把它們的價格加總成一個總指數。那麼，每天這個總指數的變化，就可以基本反應出這一類股票的走勢。

打個比方，如果把股市比作一個菜市場，那麼股票就是菜市場裡叫賣的各種蔬菜瓜果，按照約定的規則，選一些瓜果蔬菜放在一個籃子裡做成一個禮盒，這個禮盒就是指數基金。

這其中有一個指數點數概念。每一個指數都有一個點數，這個點數就是指數背後公司的平均股價。這個點數下跌，就代表指數背後的公司股價整體下跌了；如果點數上漲，就意味著指數背後的公司股價整體上漲了。

長期來看，股市會變得越來越有效，市場越有效，想賺取超額收益就越難。但是，股市長期上漲的趨勢是不會改變的，所以指數的點數也是不斷上漲的。

因為指數是長期上漲的，所以歷史越長，指數的點數就會越高，這就是指數點數的作用和意義。

此外，指數是永續的，成分股雖然有變動，但指數將恆久存在，這將在很大程度上避免本金的永久性損失。除非遭遇市場的系統性風險，指數基金很少會遇到「黑天鵝」。

概括來說，指數基金是一種特殊的股票基金。一般的股票基金，依賴於基金經理的投資水準，基金業績的好壞主要取決於基金經理的決策能力；而指數基金不一樣：它是以某種指數作為模仿對象，按照該指數構成的標準，購買該指數包含的證券市場中全部或部分的證

用有錢人的思維賺錢
最輕鬆的投資入門，甩開定存的吃土人生

券，目的在於獲得與該指數相同的收益水準。所以，指數基金的業績跟基金經理的關係不大，主要取決於對應指數的表現。這是指數基金跟普通的股票基金最大的不同。

2. 如何挑選指數基金

我們已經瞭解了指數基金的一些基礎知識，但指數基金這麼多，不可能閉著眼睛全部去投資，那究竟如何選擇適合我們的指數基金，又該怎麼去投資呢？這涉及兩個問題：買什麼和怎麼買。

的確，挑選指數基金的重中之重就是選指數。跟蹤不同指數的指數基金，其收益差異非常明顯。

(1) 低估值投資＋指數基金

投資指數基金的思路多如牛毛，但我們重點推薦的是來自巴菲特的老師葛拉漢關於價值投資理念的一種投資方法：低估值投資＋指數基金。我認為，這個組合也是最適合普通投資者的方式，特別簡單，而且非常有效。

指數基金這個投資品種很適合普通投資者，但它受到股市的影響波動比較大，如果閉著眼睛買入，也是很有可能遭遇短期虧損的。但若是配合低估值投資的思路，在低位時從容投資，這樣一來，就會大大降低投資指數基金的風險，而且也能大幅度提升收益。

那麼，該如何判斷我們要買的指數目前的價格是否合理呢？

葛拉漢認為買入股票的時點，應該是在股票盈利收益率將達到最

第七章　基金投資，最簡單的賺錢工具
附錄：

高評等債券利率 2 倍的時候。如果股票盈利收益率下跌到接近債券利率，就應該選擇賣出。簡單來說，就是用股票盈利收益率和相對安全的債券收益率進行比較。

例如把股票指數的盈利收益率（或者叫作「估值」）和 10 年期國債收益率的 2 倍進行對比。如果挑選出的指數的盈利收益率大於 10 年期國債收益率的 2 倍，就買入；反之，則考慮賣出。

問題又來了，10 年期國債收益率很容易在網路上查詢到，但這個指數的盈利收益率該怎麼計算呢？指數基金包括一籃子股票，難道要讓我們手動計算幾十支股票嗎？

當然不用那麼麻煩了。要講清楚盈利收益率，必須要提到股民都很熟知的一個數據，即「本益比」。這也是任何一支股票最常用的一個估值指標，可以在股票軟體或者指數公司官網上查詢到。

本益比＝股價 ÷ 每股收益

舉個例子，如果一個公司的本益比是 15，就代表著我們要為這個公司賺取 1 元的盈利付出 15 元。換句話說，這也意味著我們的這一筆投資，從理論上講需要 15 年才能收回成本。

天吶，15 年才能收回投資？別急，這只是一個參考值。股市的波動起伏非常大，如果你買入的一只低估值（本益比）股票，後來隨著公司盈利收入大幅提升，估值也會跟著水漲船高，迎來「戴維斯雙擊」，從而推動股價大幅上漲。

盈利收益率是本益比的變種，也就是約等於本益比的倒數（1/10

用有錢人的思維賺錢
最輕鬆的投資入門，甩開定存的吃土人生

= 0.1），如本益比是 8，那麼盈利收益率就是 12.5%。也就是說，這個投資可以每年帶給我們 12.5% 的收益率。通常情況下，盈利收益率越高，代表公司的估值就越低，公司越有可能被低估。

總體來說，指數選擇的重要因素之一就是選取合理低估值的指數，這與價值偏差法的道理一樣，簡單的邏輯就是：當估值水準處於全市場估值的低位時，資金趨利行為會湧入估值較低的指數，造成指數的上漲，最終市場趨同。

需要注意的是，我們看指數估值時，要將動態估值和靜態估值區分開，因為兩者的差距非常大。靜態本益比是根據上一個會計年度的盈利計算的，動態本益比是根據未來一個會計年度的盈利計算的，因此後者的參考價值更大。

(2) 選擇跟蹤誤差小的指數基金

在選擇了被低估的指數基金後，還要引入另一個權衡的指標，即跟蹤指數誤差的大小程度。

指數基金的跟蹤誤差，最能體現基金公司和基金經理的指數基金管理能力。一般來說，跟蹤誤差越小，證明指數基金的運作越精確。影響指數基金的跟蹤誤差主要有三個方面的因素：指數調整成分股、投資者申購贖回操作、指數基金經理的管理。

需要提醒的是，選擇指數基金，目標並不是跑贏指數，而是要盡可能地完全複製指數，就像對著標準菜單做菜，力求複製得一模一樣。所以，與目標指數越接近、跟蹤誤差越小就越好。

第七章　基金投資，最簡單的賺錢工具
附錄：

通常情況下，指數基金都要披露跟蹤誤差，可以通過查詢基金的季報和年報，尋找到相關的數據。類似天天基金、好買基金、螞蟻聚寶等第三方平台，有時候會單獨列出這個指標，對比一下就明白了。

3. 怎樣買賣指數基金賺錢

歷史數據顯示，絕大多數指數基金，假如選擇在盈利收益率高（估值低）的時候開始定投，長期收益會很可觀；在盈利收益率低（高估值）的時候開始定投，長期收益會很一般。

那盈利收益率多高算高，多低算低呢？

葛拉漢在《證券分析》一書中運用了價值投資法。其中兩個數據可供參考：一是 10%，二是 65%。

當本益比小於 10%，也就是盈利收益率大於 10% 的時候，開始定投。

葛拉漢認為，一是盈利收益率要大於 10%，二是盈利收益率要大幅高於同期無風險利率。無風險利率可以參考 10 年期國債收益率。

這兩個規則可以簡單化，即當指數基金的盈利收益率大於 10%，我們就可以選擇定投了；如果盈利收益率低於 10%，這個指數基金就失去了價值，應該停止定投，只需對已買入的份額繼續持有。

當盈利收益率小於 65% 時，分批賣出。

65% 的數據來自債券基金的平均收益，某種程度上，也可以理解為通常情況下 10 年期國債收益率的 2 倍。這個容易理解，如果指數基

用有錢人的思維賺錢
最輕鬆的投資入門，甩開定存的吃土人生

金的盈利收益率不足 65%，既然有更加安全、風險更小的債券基金，我們為什麼還要持有波動幅度較大的指數基金呢？

所以，投資者應該在指數基金的盈利收益率低於 60%，或者說本益比高於 16% 的時候，分批賣出指數基金，轉而選擇其他投資品種。

根據利率和基金的收益水準，曾有專家經總結出使用盈利收益率來定投指數基金的策略：

當盈利收益率大於 10% 時，分批投資。

當盈利收益率小於 65% 時，分批賣出基金。

盈利收益率小於 10%，但大於 65% 時，堅定持有已經買入的基金。

進一步說，定投指數基金永遠不要止損，只要手裡還有閒錢，那麼在指數下跌的時候要果斷加倉，不斷地買買買。那是不是就不用止盈呢？錯，定投一定要學會止盈，分步賣出（策略根據上述標準）。

有人曾提出兩個問題：一是為什麼不全賣了，這樣就真的盈利了；二是為什麼要賣出，一直持有到牛市高估再賣出收益不是更高嗎？

回答如下：

第一，剛剛進入正常估值的指數基金還有上漲的可能，一般來說，指數基金在一個牛熊週期漲幅 4~5 倍是很正常的，有的甚至更高，如果在盈利 20% 就全部賣出，不能獲取整個牛市的收益。同時，分步賣出有利於降低風險。

第二，對於不成熟的市場來說，巨大的波動性以及政策影響，導

第七章　基金投資，最簡單的賺錢工具
附錄：

致股市總是像坐雲霄飛車一樣上躥下跳，如果企圖把牛市最頂峰的收益全部吃盡，是不太可能的。

一般來說，盈利收益率在短時間內不會出現太大變化。所以，我們只需要配合定投，查看一下盈利收益率，再根據盈利收益率所處的區間，選擇相對應的操作，也就是繼續定投、堅定持有還是分步賣出。

本章主要介紹了適合絕大多數普通投資者的指數、指數基金，以及指數基金的基本投資邏輯。接下來，是不是可以拿出一部分餘錢，循著前面所講的買入投資策略，尋找一只有價值的指數基金，開始行動起來？

用有錢人的思維賺錢
最輕鬆的投資入門,甩開定存的吃土人生

第八章
贏的力量：極簡投資法

用有錢人的思維賺錢
最輕鬆的投資入門,甩開定存的吃土人生

　　極簡投資就是不考慮市場的漲跌,不跟蹤市場,選擇能涵蓋整個市場的指數基金,投入相同的資金,達到平衡資產的效果,以此來獲取穩定的收益。

　　　　　讓問題簡單化,是我們投資時應該遵循的原則之一。

　　　　　　　　　　　　　　　　　　　　　　——查理孟格

　　在前一章節,我們學會了用價值投資的理念挑選和買賣指數基金,就可以按照適合自己的資產配置比例開始進行投資了。

　　估計還是會有很多人持有疑慮,說基金的價格上下波動很大,如果我把錢投進去了,賺錢還好,如果踩在市場的高點上,一旦踏空虧錢,那就太悲慘了。

　　統計數據表明,過去 10 多年以來的開放式基金,80% 以上都是賺錢的,但大多數基金投資者卻是虧損的。為什麼?人性。我們的情緒容易被市場影響,風險承受能力偏弱,幾乎每次都在重複同樣的錯誤:買在「高崗」上,賣在「斷崖」時。

　　其實,任何市場都充滿不確定性,沒有誰能夠準確地預測和判斷未來市場的走勢,每一次都做到低買高賣,就像拋硬幣一樣,正反面的機率都是 50%。那麼,有沒有省心省力的辦法,可以大幅度地降低投資的風險,同時不用擔心虧錢呢?

　　基金定投,就是一個不錯的選擇。

　　這也是本書重點推薦的策略之一,它適合絕大多數的投資者。因

第八章　贏的力量：極簡投資法
附錄：

為眾多普通投資者，都有自己的本職工作，收入穩定，所以定投就是最適合的策略。

每個月強制性地留存出一定量的資金用於定投，避免亂花錢。同時，定投還可以分散投資風險，避免一次性買入估值過高的指數。一般來說，只要每次定投，遵從了上一章所說的買入與賣出的建議，那麼長時間堅持下來，總體就是在低估值的時候買入的。

進一步說，如果基金定投是屬於懶人投資的話，那麼基金極簡投資屬於的人群只能用「懶癌」來形容了。極簡投資就是不考慮市場的漲跌，不跟蹤市場，選擇能涵蓋整個市場的指數基金，投入相同的資金，從而達到平衡資產的效果，以此來獲取穩定的收益，讓財富慢慢滾雪球式地增長。

這可能嗎？我先來幫大家算一筆帳。

假設你按照基金定投的方式操作，每個月留存出 5000 元做定投。第一次入場，基金淨值是 15 元，你買到約 3333 的量。隨後市場進入下跌通道，第二次買入時，基金淨值跌到 1 元，於是你買到 5000。第三次買入時，基金淨值跌到 0.5 元，這次 5000 元買到 10000 的量。這三次定投下來，你買入的基金成本是多少呢？

有人會說──1 元呀。一次 15 元，一次 1 元，一次 0.5 元，三次平均下來，中間價不就是 1 元嗎？

錯！我們來認真計算一下，每個月定投 5000 元，3 次共計 15000 元的總成本，而三次買到的總共是 3333+5000+10000=18333，兩者

用有錢人的思維賺錢
最輕鬆的投資入門，甩開定存的吃土人生

相除，得到的每份成本為 0.818 元。也就是說，不需要等到基金回到三次淨值的中間價 1 元，只要回到 0.818 元時，我們就已經不虧損了。如果回到你以為的中間成本價 1 元時，我們實際上已經賺到約 22% 了。

是不是有點吃驚？這就是基金定投的威力。它在市場高歌猛進，基金淨值越高時，我們買到的份額就越少；它在市場持續下滑，基金淨值越低時，我們買到的份額就越多。這樣就幫助投資者戰勝了人性，實現了高點少買、避免追高，低點多買、拉低成本的效果。

基金定投成本測算

定投次數	定投金額	基金淨值	買入份額
第一次	5,000 元	1.5 元	約 3,333 份
第二次	5,000 元	1 元	5,000 份
第三次	5,000 元	0.5 元	10,000 份
共計金額	15,000 元		
共計份額	18,333 份		
基金成本	0.818 元		

第八章 贏的力量:極簡投資法
一、基金定投

一、基金定投

所謂基金定投,就是指在固定的時間以固定的金額(如1000元),購買某一支指定的基金,類似於銀行的零存整取方式。簡而言之,定投就是定額定時買基金。

例如,每個月我們發薪水的時間都是相對固定的,在第二天拿出部分金額(建議薪水收入的15%~20%)去投資某一支基金。這其實已經不是一個新鮮事物了,幾乎每個人都參與過定投,最典型的例子就是健保。

由於基金「定額定投」起點低、方便簡單,所以它也被稱為「小額投資計劃」或「懶人理財」。我們來簡單算一筆帳,就會知道定投的收益非常驚人。

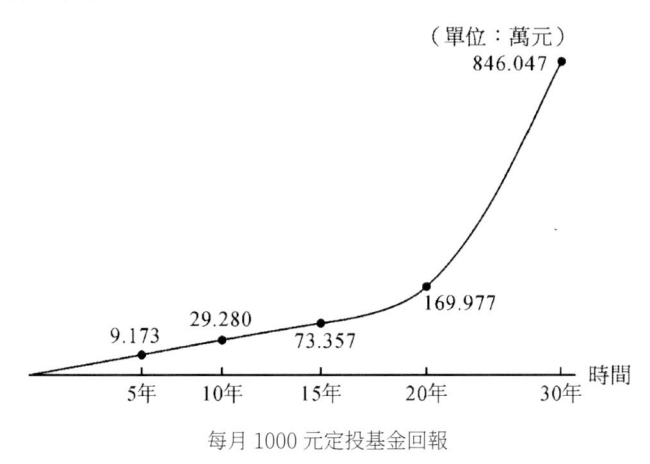

每月1000元定投基金回報

用有錢人的思維賺錢
最輕鬆的投資入門，甩開定存的吃土人生

　　註：
　1. 按每年 15.8% 的複利計算。
　2. 計算結果保留到小數點後三位。
　　這個「滾雪球」式的複利收益，看著就讓人眼饞。但在開始基金定投之前，需要做好兩個準備：
　　第一，調整好心態和預期。定投基金是較長期的投資，短期的效果不明顯，而且極有可能虧損。一旦選擇了定投，就要有長期作戰的信念。另外，從收益來說，定投也無法賺取遠超市場的超額收益，只能獲取市場的平均收益。因此，如果你試圖急功近利，或者想短線投資賺大錢，那定投這種方式並不適合你。
　　第二，確保持續投入現金。一般來說，基金定投的時間跨度較長，在長達數年、十多年的投資過程中，我們需要不斷地持續投入資金，現金流充足很重要，這也是定投計劃的根本保障。

1. 定投基金的好處
　　定投是一種投資方法，它所對應的是一次性投資的概念。相比之下，它能給我們帶來哪些好處呢？
　　(1) 進入投資門檻低
　　對許多投資新手來說，他們總以為投資理財不僅門檻高而且還很複雜。其實並不盡然，基金定投就是門檻低且收益穩健的代表。為什麼呢？大多數指數基金都只要幾百元就可以開始定投了，分批次小額

第八章　贏的力量：極簡投資法
一、基金定投

投入,每一筆成本有高有低,長期下來買入成本就被平攤了。

相對而言,比起銀行理財的萬元門檻、房地產投資的數百萬元頭期,定投指數基金的門檻要低很多。而且,它還能提供更好的長期收益。

(2) 養成儲蓄習慣

每個月存點錢並不難,難的是堅持幾年甚至十多年。對剛工作的年輕人,尤其是月光族來說,基金定投還有一個非常好的屬性是強制儲蓄。每個月到了事先約定的扣款日期,總要拿出點錢來放進去,積少成多,幫助自己不知不覺地攢下第一桶金。同時,這種方式也培養了良好的理財習慣,基金定投最適合的就是用作養老金、子女教育金等長遠支出金。

另外,每個人可能每隔一段時間都會有一些閒散資金,通過定期定額基金投資計劃所進行的投資增值可以「聚沙成塔」,成為後來財富大廈建造的牢固地基。

(3) 避免選錯買賣點

每個人都想低買高賣,但事實上沒有誰能夠準確地預測市場走勢。大多數人在基金投資上虧錢,往往都是承受不了劇烈的波動性,最後買在「高崗」上,賣在「斷崖」時。

定投對投資時機的選擇要求不高,可以避免選錯買賣點。每個月只需要在固定的時間去投資即可,並不需要我們費心勞神地選擇買入時間點,甚至可以做好定投計劃自動執行。

用有錢人的思維賺錢
最輕鬆的投資入門，甩開定存的吃土人生

在股市裡，一旦投資者看好哪幾支股票，基本都是直接以一半以上的資金殺入。這對於缺乏投資經驗的新手來說是相當危險的，即使對於股市老手也是如此。

由於基金定投分批入市，且具有定額投資的特性，注定其不會出現長期高額持有成本的現象，從而大大減少了被套牢的風險。

舉例來說，當「情緒化」的股市價格在短期內呈現「斷崖式」下跌，最終緩慢回升為高位的時候，收益率會比單一的下跌或者回升階段更高，但無論何時選擇入市時機，在長期的定投下通過降低單位持倉成本，只要股市最終迴歸正常價值點或者高峰點，之前定投厚積的份量就能為你帶來豐厚的回報。而無論是經濟還是股市狀況，總體向上的趨勢是高機率事件。

(4) 波動越大，收益越高

絕大多數在股市裡忙碌的人，都天性地喜歡追漲殺跌、隨波逐流，容易對各類消息過度反應，通常連續幾個跌停板後心疼割肉賣出了。但選擇了基金定投的方式，那麼無論是價格上漲還是下跌，你都會心中暗喜，上漲了自然好，下跌了就會買入更多的份額，只要成本不斷被拉低，等市場回暖後就可以再賺它一筆。

比如說，第一個月從 30 元漲到 60 元，2 個月後又跌到 15 元，然後才漲回 30 元，這一跌一漲之間，短短的 4 個月時間就實現了 12.5%，即年約 42% 的收益。而實際數據中股市的波動更小。

另外，在市場波動起伏過程中，如果發現了更好的投資標的，自

第八章　贏的力量：極簡投資法
一、基金定投

己可以根據盈虧情況選擇繼續定投或者退出改投，也就是迅速調整投資組合。

一個明顯的優勢的是，定投可以不受到主觀情緒的影響。許多情況下，伴隨著股市的整體下跌，當指數基金進入低估的時候，也正是市場處於長時間熊市的時候，面對下跌，我們應該做到克服人性的弱點，堅持投資，定投可以幫助我們養成這種紀律性。

2.定投的微笑曲線

基金定投是一種很簡單有效的投資方式，如果配合指數基金，在時間的催化下，能夠收穫不錯的收益。

我們都知道，市場永遠是跌宕起伏、漲漲跌跌的，基本上就是一個長期震盪、偶爾爆發的市場，在不同的高點之間，大致能描繪出一條下凹的曲線，像一個微笑的嘴巴，這就是很多人都聽說過的定投「微笑曲線」。

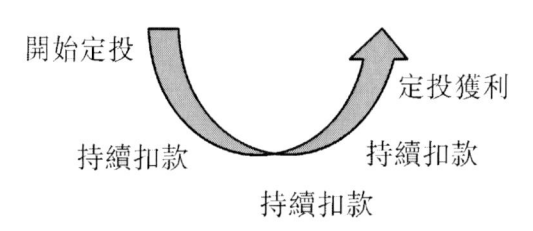

基金定投微笑曲線

開始定投　　　　　　　定投獲利
　　持續扣款　　持續扣款
　　　　　持續扣款

定投「微笑曲線」

用有錢人的思維賺錢
最輕鬆的投資入門，甩開定存的吃土人生

開始→虧損→收益→最終收穫。

一般來說，定投在前期都是要面臨小幅虧損的狀況，在基金淨值下降的同時累積更多的份額，最後才能攤薄成本獲取收益。如果市場從中高點開始走出一波先下跌後回升的行情，就構成了我們所說的「微笑曲線」。這個時候，也是最考慮投資者心態和耐性的，很多虧損的投資者因為承受不了風險而選擇忍痛割肉。

但實際上，投資者如果一直堅持按照最初的計劃進行投資、扣款，那麼在市場緩慢跌到低谷時，就將可以較低的成本獲取更多份額，攤薄成本；當市場開始上漲時，就將能夠獲得盈利。

攤薄成本、平滑風險，這是基金定投最大的優勢。此外，它還會幫助我們建立一個良好的心態——虧損並不可怕。相反，在後續的定投中能夠利用低谷和下跌行情收集更多的籌碼，一旦市場出現快速上漲（可能遲到，但從不缺席），所獲得的收益將是非常豐厚的。時間是投資最好的朋友，也是熨平波動最好的工具。

3. 定投的時間要多長

總體上來說，基金定投是家庭資產組合配置中經常採用的一種方式，基本上屬於「標配」。由於定投原理並不複雜，操作方便，還能夠強制性地養成存錢的習慣，只要堅持定投，長期看來都能獲得股票市場的平均收益率，如果稍微掌握其中的一些技巧，在下行階段持續買入，在大幅上漲後停止定投，最後獲取的收益將遠超預期。

第八章 贏的力量：極簡投資法
一、基金定投

基金定投是一個長期持續的過程，其要穿越牛熊週期，短則三五年，如果下行通道較長，則需要六七年。甚至有各種基金公司在做廣告宣傳時，一再強調每個月只需要投入數千元，堅持定投 20 年，就可以獲得一大筆財富，更有甚者說要作為未來的養老錢進行投資。

聽著好像挺誘人，但你可能會有疑問，定投時間真的越長越好嗎？到底多長時間最好呢？我們要明白，定投的目的是均攤成本。比如說，你定投了 10 年，每個月定投 1000 元。那接下來的 1000 元，就只是總投資的 1/121 而已。即使你最後的這 1000 元買在了最低點，能起到的均攤成本的作用也很小。

進一步說，由於定投是分批入場，分散了一次性投資的風險，所以，沒有必要在投資前選擇「黃道節日」（擇時）。同樣的道理，你的第一筆 1000 元投資點位的高低，對今後總收益的影響也非常小。我們要找的，其實是一個相對較低的區域而已。

總體來說，要回答這個問題，還是要看定投的週期是否跨越了「微笑曲線」。

(1) 歷史數據

我們都知道，定投能賺錢的關鍵在於越跌越買，獲取更多的基金單位份額，在於穿越微笑曲線。微笑曲線一般是一段弧線，在市場的下行期間越跌越買，等到行情反彈到一個比較高的位置，就意味著賺取了不小的收益。

只要你能堅持不懈地定投，選的標的參照價值投資的基本面，並

用有錢人的思維賺錢
最輕鬆的投資入門，甩開定存的吃土人生

能持續下去，賺錢的機率幾乎就是 90% 以上。

定投雖然去掉了擇時，但仍然會受到行情波動的影響，所以如果你在單邊行情下跌後承受不了暫時虧損，而選擇忍痛賣出，那麼就會把此前好不容易累積到的收益全部消耗掉，並造成了真正的永久性的損失。

因此，定投多久的時間才合適，幾乎沒有準確的答案，一般三四年基本可以實現盈利，平均 3 年多時間。當然，實際盈利情況還要看開始定投的股市整體位置，是在大幅度上升的高位，還是持續下滑的低點。

如果進入時機剛好處於上漲行情，盈利會很快，如果是震盪期行情，還得看波動的寬窄幅度，起伏大就可以實現贏利，幅度小就可能不虧不贏；如果處於熊市慢途階段，股市一路下跌，就會一直虧損，需要堅持定投，耐心等待微笑曲線的到來，可能是 3 年、5 年，甚至更長時間。

基金定投賺錢的機率在 90% 以上，只是要做好充分的思想準備打「持久戰」，在定投過程中可能遭遇 -20% 以上，甚至 -30% 以上的虧損。如果要把暫時性的波動損失變為盈利，就需要持續定投，不斷累積更多的份額，堅持穿越完整的微笑曲線，耐心等待牛市的重新來臨。

第八章　贏的力量：極簡投資法
一、基金定投

4. 基金定投是否要止盈止損

通過上面的分析，我們知道定投的收益率並不是越長越好，而是有著明顯的波動。我們也反覆強調，基金定投最好是能經歷一個完整的牛熊週期，也就是穿越微笑曲線，3~4 年或者 5~6 年，這樣才能最大限度地分攤成本、平滑風險，同時能夠確保最後大幅度的獲利。

實際上，這種方式也有一個重要的前提，就是所選擇的這支基金本身沒有問題。如果在投資過程中，發現持有的基金在市場大漲時，它的漲幅遠遠低於其他同類基金，甚至還會不升反跌，長期來看充滿了太多不確定性，那麼可以考慮選擇其他基金來進行替代，重新進行資產配置，及時止損。

當然，如果你剛開始投資，每天一看帳戶上都是浮虧的，且價格一時半會兒在低位漲不上去，就選擇把它賣掉，等市場反彈進入微笑曲線的右側區域，你就只能悔青了腸子。

如果是選擇中期定投的話，平均成本會隨著進入時機的不同而差異較大。例如，在市場低谷時進入的平均成本最小，上漲行情時進入的平均成本最高，下跌通道時進入的平均成本居中偏小。

但我們一再強調，對於穿越一個週期的長線定投來說，不用太多去考慮進入時機，影響收益的主要因素是退出時機：在定投時堅持投資紀律不能輕易退出，但當收益率已達到或者接近預期目標時，應理性地果斷止盈落袋為安。

當然，正如並非所有人都能買在低點，你也不太可能賣在最高

用有錢人的思維賺錢
最輕鬆的投資入門，甩開定存的吃土人生

點，最好是在微笑曲線結束時適可而止，分批次賣出及時止盈。如果一旦錯過了這個止盈的節點，就很有可能回撤，甚至一路下滑。但這種時候，我們也很容易犯下炒股時「追漲殺跌」的錯誤，很多人看到市場漲幅好都不願贖回，或者看到贖回後基金繼續上漲而捶胸頓足。

所以，在實際的基金定投操作中，我們不能以結婚的方式抱著一只基金不肯撒手，而是要理性地遵循定投的定律——及時止盈，及時落袋為安。那麼，基金定投應該如何止盈呢？

(1) 確定收益目標

一般來說，我們建議在選擇基金定投之前，要根據自己的資產組合配置和基金的品種，以及所處市場整體環境設定一個收益目標，如20%、40% 等，一旦達到收益目標後便開始分批賣出或贖回，然後重新進行基金定投組合。切記，追漲殺跌是導致最後虧損的陷阱，務必抵抗住貪婪的人性。

(2) 指數點位法

指數點位法是一個相對可操作性比較強的方法，我們可以通過對指數的估算，經過一段時間的份額累積，開始分批賣出或贖回，指數越漲賣出越多。

當然，在實際投資的過程中，這兩種方法可以相互結合，把收益收入囊中及時撤離，而不至於被動地陷入新一輪的定投。記住，基金定投的黃金法則，是止盈不止損。

第八章　贏的力量：極簡投資法
一、基金定投

5. 定投金額和頻率如何選擇

在我們充分瞭解了定投的核心原理之後，接下來就簡單多了。具體到定投的時候，有兩個因素需要先確定下來：一是定投的金額，二是定投的頻率。

(1) 定投金額多少合適

這個問題因人而異。指數基金投資一輪週期大約需要 3 年以上，當然這是一個平均值，但我們要為此做好打「持久戰」的思想準備，明確知道定投的錢一定要是「長錢」，這樣才有充分的時間來穿越微笑曲線。

如果定投的錢是希望作為未來的養老金，或者子女教育金的儲備，那麼可以根據需求，預計每年 8%~10% 的投資回報率（預留空間），測算出從現在開始，每期需要拿多少錢做定投，才能夠在約定的時間實現財務目標。

如果定投的錢在這 3 年裡會用到，那就會在很大程度上影響我們的投資。所以，定投的金額不一定要大，合適最好，不能因此影響到自己的日常生活開支，導致後期由於生活所需被迫賣出。

具體到每個投資者，每個月能拿出多少錢來進行投資，取決於每個月能剩下多少錢，畢竟每個人的收入和開支都是不盡相同的。

一般情況下，我們建議剛開始定投的時候，以每個月薪水收入的 5%~10% 為宜，其餘的錢留出一部分作為備用金，以做救濟之用。當然，在投資過程中，可以根據收入的變化和收益的累積情況隨時進

用有錢人的思維賺錢
最輕鬆的投資入門，甩開定存的吃土人生

行調整。

實際上，用每個月收入來定投比較簡單，這也是最輕鬆的定時定額法。但如果要將指數的變化納入考慮，則可以用下列公式進行調整：

計劃定投金額 × 期初指標數據 / 當前指標數據＝ 投資金額

舉例來說，如果計劃每期定投 1000 元，開始定投時綜合指數為 2500 點，過了幾個月後指數上升到 3500 點，那麼定投金額可以變化為：1000 元 ×2500 點 /3500 點 ≈ 714 元。這個公式的目的，就是隨著市場行情的上漲買得越少，從而控制風險。

對於已經有一筆閒錢打算進行投資，也就是存量資金的處理，比每個月拿到薪水定投要相對複雜一些。在思路上，可以將擬定投的存量資金劃分成 N 份，投完之後再轉成每個月收入繼續定投。例如，將 10 萬元分成 10 個月定投，每個月投 10000 元，從第 11 個月起轉為薪水收入接棒，每月定投 1000 元。

(2) 定投頻率多久合適

定投頻率花樣繁多，有的按每天、有的按每週、有的按每月，還有的隨心所欲。不過每天投入太頻繁了，一般都會選擇按週或者按月。

也許你會說，不是分批投入能分散風險嗎？那我就每週都投入一筆錢，分散風險的作用是不是比每月定投強呢？

如果定投時間越短，選擇按周定投和按月定投的收益差距就會越大；但如果定投時間拉長，兩者之間的差距就會縮小。所以，從收益

第八章　贏的力量：極簡投資法
一、基金定投

的角度來看，定投的頻率對最終的收益影響不大。

所以，在我們推薦的長期定投中，投資頻率的長短與實際投資效果相關性不大，對此不用太糾結。相反，如果投資週期縮短，可能導致操作頻繁，從而耗費更多的費用和時間。

但在實際定投過程中，有兩種情況可以把握一下。

(1) 牛市降低定投頻率

在牛市階段，選擇按月定投的方式分攤成本的效果更好。如果市場處於慢牛緩升的狀態，可以選擇按月定投的頻率即可。

(2) 熊市提高定投頻率

在熊市階段，提高投資頻率，效果會更好一些。

任何情況下，我們都應該知道，最後決定定投效果和收益的，歸根到底還是自己所選擇基金本身的業績表現，定投的週期頻率這些小技巧，都無法起到決定性作用。迴歸基本面，才是任何投資的根本。

用有錢人的思維賺錢
最輕鬆的投資入門，甩開定存的吃土人生

二、避險品種：黃金怎麼投

黃金真的值得投資嗎？怎樣投資才能賺錢？是在金店直接買入金條呢，還是在銀行買黃金存摺？

1. 黃金其實並不保值

中國有句古話，叫作「盛世藏古董，亂世買黃金」。

提到買黃金，我們平時聽到的是：國際通貨、稀有資源、古老的貨幣、國家戰略儲備。這一切都在告訴我們，黃金是多麼珍貴，甚至連國家機器都在掠奪它。

事實上，國家儲備黃金的目的是抗通貨膨脹。但這個對抗的通貨膨脹，並不是我們平時瞭解到的通貨膨脹，而是崩塌下的通貨膨脹，類似於現在委內瑞拉的經濟狀況，是紙質貨幣失信下的通貨膨脹，這種貨幣呈現斷崖式貶值會讓政府信用蕩然無存。

國家儲備黃金就是在這個時候救市的，哪怕政府信用消耗一空，只要黃金在手就能保留一根救命稻草。甚至，當戰亂發生時，一個政府想要購買外資救難於危急，那麼就只能用黃金兌換外匯了。

黃金能夠有今天的地位，也許跟黃金曾經在世界上擔任過貨幣的職能有關。據說，2000 多年前，很多國家都不約而同地把黃金作為貨幣，如古羅馬時期使用的就是金幣。但自從 1971 年，美國總統尼克森取消黃金本位，美元和黃金脫鉤後，現在世界上已經沒有國家採用黃

第八章　贏的力量：極簡投資法
二、避險品種：黃金怎麼投

金本位了。

我們來看一組數據：

1980 年，XAU ① =350 美元；2017 年，XAU=1300 美元。也就是說，經歷了整整 37 年，黃金總共只翻了 4 倍。

你還能歷數生活中有多少東西只翻了 4 倍嗎？一般認為，從 1980 年代至今，美國、歐洲、日本都有 20 倍以上的物價增長，百萬富翁已經多如牛毛。所以，黃金的「保值」的屬性是經不起推敲的。

巴菲特也曾經說，如果他在 1942 年 3 月把僅有的 11475 美元全買入黃金，那麼到 2019 年 1 月末價值是 4200 美元；而買入美國標準普爾 500 指數的話，則是 606811 美元。投資黃金是投資標普指數的 0.0069 倍，不到 0.7%。

按照價值投資的理念來衡量，沒有使用價值的東西都不保值。黃金作為人類歷史上最強大、最古老的 IP，依然逃不過這個鐵律。在過去 40 年裡，黃金喪失了大約 96% 的購買力，未來也許可能再貶值。

長期來看黃金並不保值，但它是較好的避險品種。

你一定會感到困惑，既然這數百年來連通貨膨脹都沒能跑贏的黃金，為什麼仍然受到這麼多人的追捧呢？

這跟中國人自古就有儲備黃金抵抗風險的喜好有關，與其說買黃金是用來保值的，還不如說它是資產的避風港。

在過去數百年全世界各個國家發展的歷史長河中，所謂「亂世」雖然一直存在，但黃金價格真正一路大漲的 10 年，只有兩個：1970-

用有錢人的思維賺錢
最輕鬆的投資入門，甩開定存的吃土人生

1980 年，2000-2010 年。換句話說，如果我們真正想通過投資黃金來賺錢的話，我們的勝算機率只有不足 20%。

另外，儘管 2016 年、2018 年刮起了狂熱的黃金投資風潮，而且大多是以實物投資為基礎、以委託管理為手段的方式進行投資。但我們往往忽略了一個最本質的問題： 只有被使用的貨幣才有價值。而投資黃金，不是建立在其稀有資源上的，而是建立在貨幣基礎之上的。

所以，黃金的主要價值是對抗恐慌和避險。由於它並不會產生收益，且無法帶來現金流，在家庭資產配置中，我們建議配置的比例不要太高，不超過 5% 為宜。

投資黃金，一定要記住，影響金價漲跌的核心在於「極端的避險情緒」。

如果你覺得經濟環境和走勢充滿了太多不確定性，而且對未來發展前景仍存疑慮，甚至很悲觀，可以在資產配置中適當增加黃金。鑒於此，我們建議你使用黃金定投的方式，並設置止盈線，達到預期之後即迅速賣出，不宜久戰。

2. 這些產品都是黃金投資

一提到黃金投資，不少人都喜歡談論兩個世界金融大鱷： 巴菲特和索羅斯。

大家都說索羅斯熱衷於投資黃金，但實際上他真正持有的是 SPDR 基金和後期賣掉黃金 ETF 後購買的巴里克公司的股票（黃金開

第八章　贏的力量：極簡投資法
二、避險品種：黃金怎麼投

採公司），前者是虛擬黃金，類似期貨，而後者根本就是股票。

(1) 實物黃金

在大多數人的觀念裡，一說到投資黃金大概都是買實物黃金。如果僅僅是考慮投資價值的話，買實物黃金真的不是一個明智的投資方式。尤其對於短線投資者來說，並非投資的最佳選擇。

日常生活中，我們與實物黃金發生關係的情況極少，加上其天然的流動性差，容易買入卻難以賣掉。一般情況下，每個銀行在回購時只會對本行發行的金條實施回購，而且都會有不小的折價，變現不是很容易。此外，交割、檢驗、存儲、運輸等成本，以及購買時的手續費，都會讓實物黃金的投資收益大大下降。

一個值得提醒的問題是，金條因為工藝造型、發行單位和數量不同，各自的市場價值也差異很大，收藏性質的投資所占據的比例相當高，並非隨便買一根金條那麼簡單。

就各個購買管道比較而言，商業銀行銷售的金條普遍便宜，比金店的售價低得多；而貴金屬投資公司的金條種類最齊全，提貨也最方便；金店裡各種造型設計和用途的可選黃金產品較多，但少有回購業務，且它們大多只支持換購其他金飾。

對於普通投資者而言，購買實物黃金還是主要選擇銀行和金店。其實，還有第三種投資方式，即交易所實物黃金。

交易所的實物黃金交易屬於場內交易，採用競價撮合模式，與股票交易模式相同，它扮演的是一個仲介平台角色。投資者可以根據即

用有錢人的思維賺錢
最輕鬆的投資入門，甩開定存的吃土人生

時情況參與報價，按照價格優先、時間優先的原則成交，交易系統隨時滾動，即時公開買賣報價和成交價，買賣雙方直接交易。

整體上講，交易所的實物黃金看似簡單，但其實流程等環節較為複雜，入門級的投資者並不一定適合，它需要具有比較強的專業知識，如通過金價的走勢進行分析預測，從而決定買入賣出的操作。一般情況下，我們不推薦。

此外，實物黃金還包括紀念品和飾品兩類。

紀念品的價值在於對一些重大事件的紀念意義，收藏屬性更強一些。但是，作為紀念品都逃不過幾個致命傷：量產、事件影響等。例如猴年金幣，這種題材是建立在漢族人的傳統文化，覆蓋範圍很受局限。這類紀念物發行數量也十分巨大，在二次轉手時較為困難。

再來看看金飾，幾乎就沒有收藏價值，僅僅是作為飾品而存在，只因料貴而價高，其回購價是大打折扣的。而且黃金的價值太低（相對於歐元），哪怕穿戴 1000 克，也達不到炫富的目的，還不如把錢花在鑽石、手錶上。

作為黃金貨幣投資，抗風險變現的只有實物黃金、紙質黃金。實物黃金一般有 20 克、50 克、100 克、500 克等多種規格，投資門檻比較高；至於紙質黃金，其局限在於：一是非世界通用，二是高額的手續費。

(2) 銀行黃金存摺

黃金存摺，沒有實物。它賺錢的方式簡單粗暴，根據金價的上漲

第八章　贏的力量：極簡投資法
二、避險品種： 黃金怎麼投

幅度和對應的預期收益進行買賣，就可以賺錢了。有少量銀行提供「雙向黃金存摺」 業務，不僅可以通過黃金上漲賺錢，在黃金下跌時也可以賺錢。

投資者可以酌情選擇自己喜歡的品種，然後去銀行開一個以貴金屬為單位的帳戶，採用記帳的方式進行 「虛擬黃金」 投資，網上銀行、手機銀行或線下櫃台都可以買賣，無須實物交易。

銀行黃金存摺有三大核心優勢：

交易靈活、方便，不受交易地點的限制。

投資門檻低，1 克起投，幾千元就能參與。

交易時間長，可以連續交易。

流動性好，不用擔心賣不掉。

最為受人詬病的一大問題，是銀行黃金存摺的交易成本依然偏高。以某家商業銀行為例，買入價和賣出價相差 0.25%，這也就意味著即使行情沒有任何變化，你的一買一賣就會虧損 0.25%。

(3) 適合普通投資者的黃金 ETF 基金

大家都已經知道，買基金是把錢交給基金經理去打理，我們可以選擇購買黃金基金，也就相當於把錢交給基金經理，他拿錢去購買金交所的黃金現貨。

一般來說，黃金基金是投資於黃金或黃金類衍生交易品種。在國內，黃金基金投資標的一般為黃金 ETF（ 交易性開放式指數基金），這一點跟投資指數基金買入一籃子股票差不多，通俗地講就是追蹤

用有錢人的思維賺錢
最輕鬆的投資入門，甩開定存的吃土人生

黃金價格，如 COMEX 黃金或者倫敦金。

本質上來說，黃金基金也是基金，它的特點是起始申購金額較低，申購也非常方便，在銀行、券商、基金公司或者第三方平台上都可以購買。如果你已經持有股票帳戶，可以直接在股票帳戶裡買場內黃金 ETF。

與黃金存摺略有不同的是，黃金基金不能全天候購買，而是要按照基金的交易原則，在交易日固定期間進行交易，並以交易日當天下午 3 點的黃金價格來決定淨值。

追蹤黃金價格的基金，因為品種單一，誤差都比較小，一般會控制在 5% 以內，對複製黃金價格走勢不會造成影響，享受黃金價格上漲帶來的收益，有的甚至可以通過套利、槓桿等方式提高收益，但操作方式充滿了無法管控的風險，建議謹慎。

投資者需要注意的是，黃金現貨更像股票，儘管交易成本低廉，但確實存在由於缺乏接盤的人而賣不出去的風險。另外，它的投資門檻也比黃金存摺更高，10 克起投，差不多接近 10000 元。尤其要警惕網上那些自稱可以指導黃金現貨交易，帶你輕鬆賺錢的人，幾乎都是騙子，千萬不要上當。

投資者在選擇黃金投資品種的時候，一定要結合自身的能力和資產配置狀況來決定。例如，具有專業能力又有閒時間，那麼適合投資黃金存摺，波段性的收益做好了也是很可觀的；對於沒有時間管理，專業度不夠的投資者，則可以選擇投資黃金基金，但也要注意基金投

第八章　贏的力量：極簡投資法
二、避險品種：黃金怎麼投

向，不可盲目。

即使投資黃金基金，也不能一味簡單地「買入並持有」。畢竟，黃金作為一種具有商品屬性的投資品種，其價格往往會受到很多外在因素的干擾，如戰爭等。考慮到金價的階段性波動比較大，這就需要結合市場行情來綜合分析並進行對應的操作，如在黃金價格上漲的時候部分止盈，下跌的時候適當買入。

三、外匯值得買嗎

在投資市場中，外匯也是一個不容忽視的品種。

在日常生活裡，因為我們的通行貨幣是新台幣，買賣大都以新台幣進行交易結算，所以與外匯接觸不多，大多數人甚至對港幣、美元、歐元、日元等外幣都無法辨認，至於外匯就更是少於提及。

實際上，我們在出國旅遊、留學、出差等活動中，都必須與外匯發生關係。在以前，大家出國都是揣著一大筆現金，如今就只需要通過信用卡即可交易了，在扣款時按照當時的匯率自行兌換。

每當新台幣對美元、歐元等匯率有所變動，就會引起很多嗅覺靈敏的投資者的關注，利用匯率時刻變動的規律，賺取差價。

1. 外匯投資的一些常識

簡單地說，外匯就是以外幣表示的用於國際結算的支付憑證。世界上絕大多數國家都有自己的流通貨幣，如我們的新台幣，當兩個國家之間需要做交易的時候，就會產生一個兌換的價格，而這個價格，就是匯率。

換句話說，匯率就是兩個不同貨幣之間的價格比，所以匯率本身是一個數值。

在投資外匯時，往往會接觸到三個關於價格的詞彙：現金買入、即期買入和現金/即期賣出。它們分別是什麼意思呢？具體釋義如下：

第八章　贏的力量：極簡投資法
三、外匯值得買嗎

現金買入：指銀行買入外幣現金、客戶賣出外幣現金的價格。
即期買入：指銀行買入外幣即期、客戶賣出外幣即期的價格。
現金賣出：指銀行賣出外幣現金、客戶買入外幣現金的價格。
即期賣出：指銀行賣出外幣即期、客戶買入外幣即期的價格。

再簡單點說，現金買入就是銀行從你的手裡，買入美元現金的價格。即期買入呢，也同樣是銀行從你的手裡買美元，但是是買你帳戶裡的美元即期。

我們再來看現金/即期賣出，就是你需要把新台幣兌換成美元時，銀行把美元賣給你的時候，不管你是取用現金，還是把它存在自己的即期帳戶上。

通常情況下，即期買入和現金買入的價格往往不一樣，因為銀行買入現金後需要對其按照面額大小等進行分門別類保管、運輸，或者在不同分行之間調配、運送等，因此現金買入比即期買入要低。有些銀行因為賣出時都是即期，在客戶支付匯兌手續費後可以直接取出現金，所以賣出價只有一個。

2. 如何投資外匯

對於外匯投資，眾多銀行扮演了最主要的角色，彼此之間並沒有是否更保險、收益高低的本質上的區別。一般來說，投資者的外匯買賣業務，可以達到如下三種投資目的。

一是外匯幣種轉換：將手中持有的外幣直接換成另一種所需

用有錢人的思維賺錢
最輕鬆的投資入門，甩開定存的吃土人生

的外幣。

二是賺取匯率收益：根據外匯市場上每天匯率變動進行買賣操作，從而賺取匯差收益。

三是資產保值增值：將一種利率較低的外匯轉換成另一種利率較高的外匯，從而可以獲得利差收益。

平心而論，以我自己的投資經驗來說，如果純粹站在投資理財的角度，僅僅是用以抵禦貨幣貶值的風險，而選擇外匯投資的話，我並不贊同這種投資品類，因為無數的事實證明，外匯投資的綜合收益率偏低，且充滿了諸多無法預料和管控的風險，投入產出 CP 值較低。

只有一種情況除外，那就是家庭資產組合配置的剛性需求。例如，家庭可投資資產（或淨值）至少在 1000 萬元，未來有移民、子女留學、海外置業打算等情況，可在國家關於外匯管制的額度之內，分批次購匯，降低匯兌成本。

即使是家庭資產組合中，我們也建議適當配置一些美元資產即可，最好控制在整體資產的 10% 比例以內，畢竟美元並不是國內常用的流通貨幣，能夠起到一定的分散投資效果就行了。從另一個角度來說，外匯配置比例過大，還可能錯失很多投資機會。

所以，作為投資理財的管道和品種而言，我們建議還是把重點放在持續專注地在一種或者兩種投資市場上潛心鑽研，把自己的整體收益率提升上來，最終獲得超額收益也將是非常豐厚的。

第八章　贏的力量：極簡投資法
四、打敗 90% 投資的極簡組合

四、打敗 90% 投資的極簡組合

　　讀到這裡，尤其是經過每一章節的思考之後，估計你已經按捺不住內心的激動，想馬上行動起來，真刀真槍地在投資市場裡練習一把了。

　　對於大多數人來說，我們既不是久經沙場的專業人士，也似乎沒有太多的時間來鑽研投資，甚至覺得單是看那些曲曲折折的波浪線和數據，就已經很費勁兒了。那麼，有沒有一種更簡單有效的方法，讓我們這些患「懶癌」的人直接上手呢？

　　答案是：有。這就是我們接下來要分享的極簡投資組合。

　　極簡投資最初是由簡七理財基於美國資產配置專家威廉・J・伯恩斯坦的《有效資產管理》一書，經過過濾和實踐打造出來的一種投資策略。在本節，我們主要根據這種方法進行演繹和復盤。

　　簡七理財經過了多年的實踐和收益，證實極簡投資組合跑贏了90%的投資者。按照我的理解，其實絕大多數初涉投資的新手，都應該去深刻理解和運用這種投資策略，省心省力，然後在持續實踐的前提下，再去摸索和嘗試更為高級的其他投資方法。

　　一方面，相比投資市場上的其他理財產品，它基本上能做到年複合收益率 12%~15%，已經非常不錯了； 另一方面，它對投資者而言確實做到了「極簡」。

　　在投資過程中，我們經常會遇到由於投資介入的時間點不一樣，

用有錢人的思維賺錢
最輕鬆的投資入門，甩開定存的吃土人生

幾乎不能完全複製投資組合的收益，也許是剛好錯過了一波小行情，然後就進入虧損的一段時間。一旦遭遇這種情況，很多缺乏耐心的投資者都會說：「這個『垃圾』產品，一買就虧。」

姑且先不論這種觀點的對與錯，僅就一個良好的投資策略來說，我認為其收益應該比較平滑，沒有「情緒化」的暴漲暴跌，會讓眾多投資者感到膽戰心驚，心理承受壓力太大。

所以，極簡投資組合策略在本質上是管控風險，避開了這種跌宕起伏的情緒影響，選擇標的涵蓋了純債型和偏股型的基金，而且以定投的方式分散投資風險，從長期來看，那些指數無疑都是大機率向上增長的。

換句話說，即使普通人買入這些指數放著多年時間不管不問，也是大機率會漲的，只是這個投資組合會讓上漲的機率更高，效果和收益更明顯。

對於任何投資品種和方法而言，市場擇時和選股都至關重要。但如果把投資週期拉長來看，幾乎無人能夠做到，擇時、選股正確的人要嘛是運氣，要嘛確是頂尖高手。所以，資產組合配置是實現成功投資的有效手段，不同類型的投資品種的組合和平衡，既可以降低風險，又能夠提高整體收益。

這涉及兩個方面的問題。

一是空間。極簡組合選擇的是被動指數基金投資，涵蓋了一大堆的股票，不是去選擇某一支個股，因為涉及個股的選擇標準和專業技

第八章　贏的力量：極簡投資法
四、打敗 90% 投資的極簡組合

術太難了，遠非普通投資者在短暫的時間內能夠學會的。這一點，股市裡那些被收割的人是最有深刻體會，即使像巴菲特這種股神級的高手也會不時踩中地雷，如 2018 年亨氏卡夫導致波克夏‧海瑟威盈利嚴重受損。

透過選擇由一大批代表不同市場或行業的優質股票組合，分散了個股的不確定風險，保證了組合的長期上漲機率。組合選擇的不僅是指數基金，而且選擇了國內外大型和小型指數、債券基金等，讓組合在獲得更多收益的同時減少劇烈波動。

二是時間。因為指數基金投資的固有屬性，極簡投資組合解決了如何選擇投資介入的時機問題，簡單點說就是什麼時候投入。追漲殺跌是人性的弱點，大多數人都無法保持理性，尤其是面對下跌風險時。但是組合可以基本無視市場的波動，所有的操作都按照組合的既定規則執行，定投購買、定期調整，剩下的事情就交給市場了。然後，你就只是等待著時間的複利。

1. 極簡投資組合

極簡投資是一個簡化版的資產配置投資組合，它涵蓋了五大投資區塊，也就是均衡配置了 5 種相關性低的資產，以此達到降低風險、提高收益的效果。其中，精選出了 1 支債券型基金和 4 支指數基金。

極簡投資組合 =1 支債券型基金 +4 支股票型指數基金

這 5 支基金依次涵蓋了 5 個主要投資方向，分別是固定收益類投

用有錢人的思維賺錢
最輕鬆的投資入門，甩開定存的吃土人生

資、國內大型公司股票、國內小型公司股票，及國外大型公司股票、國外小型公司股票。

再做一下解釋：

債券型基金投資的是債券。例如你把錢借給國家，這就是國債；你把錢借給公司，就是公司債。在風險級別上，債券比股票低得多。

股票指數基金又是什麼呢？如果說整個股市是一架飛機，那麼股票指數基金就是一個飛機模型。

當然，這五類基金也可以根據自己的風險偏好，但選擇對象必須涵蓋盡量多的相應市場的股票。

2. 具體操作步驟

總體來說，極簡投資就是一個相對穩定又省心省力的組合基金產品。按照簡七理財的操作，通常情況下，日常管理只需要分兩步走，只有在賣出的時候再進行第三步。

第一步，在投資的時候，對於每個區塊都做均衡配置，也就是這 5 支基金各自買入比例為 20%，所買的金額一樣多。例如計劃投資 10000 元，可以分成 5 份，分別購買這 5 支基金。當然，正如前面所講，我們不建議你一次性買入，而是最好採取定投的方式。

第二步，在這 5 支基金持有滿 1 年後，做一次動態平衡，通過高賣低買的原則進行調整，把這 5 支基金所占的投資金額比例重新以各自 20% 進行配置。

第八章　贏的力量：極簡投資法
四、打敗 90% 投資的極簡組合

第三步，當需要用錢的時候，按照需要贖回相應的資金，並且保持剩餘的各個基金的資產仍然是每個占比 20%。

打個比方，一開始每個基金都買入了 2000 元，就好像是 5 個杯子，裡面的水都一樣多。過了一年之後，有的基金漲了，有的基金跌了，就好像杯子裡的水，有的多了，有的少了。這個時候，我們就需要對它進行調整，重新平衡一下，讓每個杯子裡的水一樣多。操作過程比較簡單，就是賣掉漲得快的基金溢出來的部分，買入並補齊占比不足 20% 比例的基金。

看到這裡，或許你還有疑問：這麼簡單就能賺錢呀？為什麼這樣的組合就能獲得好的投資效果呢？

第一，分散了投資的不相關性，解決了前面所講的空間上的配置難題。「不把雞蛋放在一個籃子裡」。把錢分別放在不同類別的指數基金中，並且確保了各個基金的相關性很低，即使在市場波動劇烈的時候互不影響，在各個不同的市場狀況下，才能平滑收益。

第二，每一次的動態平衡調整，解決了時間上的買賣難題。這其實也是回到了指數基金的章節中所講的那樣，需要學會止盈，也就是做到賺得多的見好就收，下跌的時候買入更多份額，集合更多的籌碼等著它漲。

聰明的你可能已經注意到，在極簡投資組合中，資產配置非常重要，它將意味著我們承擔的投資風險的高低。但真正決定我們收益的，卻是另一個更為關鍵的因素——定期再平衡。

用有錢人的思維賺錢
最輕鬆的投資入門，甩開定存的吃土人生

巴菲特的老師葛拉漢曾經在《聰明的投資者》一書裡說：

長期以來，我們一直認為，如果失去了債券這一參照物，我們就無法設定一個可靠的規則，以確定何時應將股票投資份額降至 25% 這一最小比例，並在以後將其提升到 75% 的最高比例。

這一段話儘管說的是股票，是對股債平衡投資策略更深一層的理解，但對於極簡組合中關於指數基金的投資同樣成立。

簡單來說，極簡投資中的這 5 支基金都可以當作一個「錨」，分別用它們來衡量其他基金是漲得太多了，還是漲得太少了，然後根據實際狀況來進行調整。

3. 收益回測

你可能會問：既然操作這麼簡單，那極簡投資組合的收益究竟如何呢？

我們先從費率的角度看，一年的綜合費用約為 0.37%，持有成本是比較低的。

採用定期動態平衡組合的方式，只要投資年限達到 3 年以上，賺錢幾乎是肯定的。但在這個過程中，我們也要引起重視，那就是盡量避開市場大幅上漲的階段性高位買入，否則會拉低我們最終的收益。平均來說，極簡投資組合的年複合收益率基本可以達到 10% 以上。從長期來看，這個收益率已經是一個很棒的成績。

第八章 贏的力量：極簡投資法

四、打敗 90% 投資的極簡組合

極簡投資組合盈利數據回測

持有年限	最大年收益率(%)	最小年收益率(%)	年收益率中位數(%)	平均年收益率(%)	盈利概率(%)
3 年	38.4	-3.8	12.1	11.6	94.4
5 年	24.8	-1.6	10.1	10.3	95.2
10 年	17.5	5.7	12.7	12.5	100

我們再來看看一次性投入的兩種極簡組合收益情況。

極簡組合2017年趨勢圖

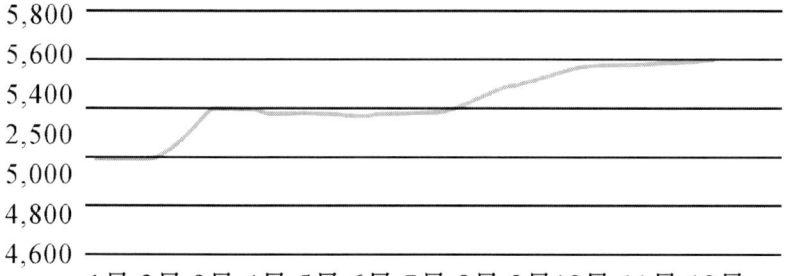

年初一次性購入 5000 元的極簡組合，總資產的走勢圖

(1) 一次性投入，年末不做調整

假設在 2013 年年初，在這 5 支基金組合上，分別投入 10000 元本金。到了年末不做調整，繼續按照每支基金內的金額，繼續持有，到了 2015 年年底，前後共計 3 年時間。我們所獲得的年平均收益率為 18.9%。

(2) 一次性投入，年末做調整

假設在 2013 年年初，分別在這 5 支基金上投入 10000 元，2013 年年底的時候，可以獲得總金額為 56062 元的本金和收益。

2014 年年初的時候，56062 元分成 5 份均等的金額 = 11212 元，將每個基金的本金調整到 11212 元，然後繼續持有。

2015 年年初，以同樣的方法類推，繼續滾動。

那麼，在 2015 年年底的時候，我們所獲得的年平均收益率為 19%。

經過每一年年底動態平衡調整後，所獲得的收益率比不調整的確要高一些。這也就是定期做動態再平衡的價值所在。

在一個投資組合中，每隔一段時間（建議週期至少為 1 年），就把其中收益高的基金調低資金，補充到收益較低的基金中，使整個投資組合始終保持均等平衡。

也許，你會覺得這樣做的收益率看上去並不起眼，但是千萬別小看這幾個百分點的差異，如果從長期來看，穩定均衡，複利增長，回撤風險低，更加體現出穩健投資 + 不錯的收益率的優勢。

極簡投資組合從時間和空間上，也就是用分散投資和動態平衡解決了資產組合配置的兩大難題，那麼最後一個取得良好收益的保障，就是保持淡定從容的心態長期投資並持有，切忌頻繁地買入賣出，在達到預期收益目標後及時止盈，通過滾雪球的複利來獲得更高、更穩定的收益。

第八章　贏的力量：極簡投資法
四、打敗 90% 投資的極簡組合

　　巴菲特說，如果你沒有持有一支股票 10 年的準備，那麼你最好 10 分鐘也不要持有它。買基金也是一樣，如果你不願意作為這個基金的長期投資人，那麼只能獲得比較低的收益，甚至是賠錢而告終。

　　如果說，任何成功的投資都是反人性的。但是極簡投資法，卻並非如此，恰恰讓人更樂意接受，因為操作簡單方便，每個人都可以用，只要有足夠的耐心，相當於分享經濟增長的紅利，賺錢就是大機率事件。

註釋

① XAU 是 ISO4217 號標準中的簡稱。它表示每 [金衡制] 盎司（=28.3495231 克）的價格。X 表示它不是任何一個國家或邦聯發行的。AU 代表「黃金」的化學元素符號 Au（拉丁文 Aurum）。外匯比價中的「XAU/ 美元」就是每盎司的比價，即用美元表示的每盎司黃金的價格。

用有錢人的思維賺錢
最輕鬆的投資入門,甩開定存的吃土人生

第八章　贏的力量：極簡投資法
四、打敗 90% 投資的極簡組合

後記

　　金錢，是幸福的起點

　　儘管我們不像西方人那樣，從 30 多歲就開始談論遺囑以及如何構築自己的「退休金蛋」，但很多人無疑都會盤算和安排自己退休以後的「養老計劃」避免年老之後窮困潦倒，甚至被一場大病擊倒。

　　值得提醒的是，目前全世界大多數國家都負債累累，如果純粹指望政府為大家提供養老所需，已經變得越來越不可靠。即使是端著鐵飯碗的公務人員，看起來退休金有著落，但幾十年後的事情總是充滿了太多不確定性。

　　現代人的壽命越來越長，與之伴隨的是各種疾病纏身，醫療費用在急遽攀升。不少家庭因為某個成員的一場大病，極有可能從中產階層直接下滑到底層群體，因病致貧的事例不在少數。

　　最讓人感到恐懼的是，通貨膨脹的持續上升，以及生活水準的普遍提高，讓我們眼睜睜地看著辛苦賺來的錢大幅貶值。

　　如果只是把錢存入銀行守著定期存款的那點微薄利息，別說跑贏 CPI，連它的背影都遙不可及。最典型的例子，2018 年開始動盪不安

用有錢人的思維賺錢
最輕鬆的投資入門，甩開定存的吃土人生

的委內瑞拉，至當年年底的通貨膨脹率已經飆升到 100000%，百萬玻利瓦（委內瑞拉幣）只買得到幾斤肉。

所以，越早學會和開始投資理財變得十分重要。理財的方式有很多，包括儲蓄、買債券、買基金、買房子以及買股票。儘管創業開公司被認為是致富最可靠的路徑，但對於大多數人來說，這是不現實的，而且需要投入的資金和失敗的機率也越來越大。

應該說，很多人已忘記了節約和儲蓄的重要性，而沉醉於及時享樂的虛幻感之中。現在，我們很多人的生活方式是建立在收入持續高增長、資產價格不斷上升、永不失業、永不生病的基礎上的。這種假設可能過於樂觀，大家很容易把短期趨勢長期化。

「晴帶雨傘，飽帶乾糧」——這是老人經常對我們的教導。2005年，我把父母從鄉下接來一起生活，也讓他們幫忙照顧我剛出生不久的孩子，每年給他們約 30 萬元的零用錢（父親有退休金）。後來，父親因為不習慣城市裡的生活執意要回老家，臨行前的晚上，他掏出了一個存折把這些年幾乎所有我給的錢還給了我。

他說，城市裡的空氣不好，尤其是東西價格太貴了，心理壓力大，「即使你給我們再多錢，我們也絲毫不會改變用錢的方式」。他還說：「這麼貴的房子住得不安心，我們回去之後，你馬上可以租出去。」

後來，有接近 3 年的時間，我陷入財務困境，除了一大堆難以變現的資產，現金流幾乎處於斷裂的狀況，經常整夜整夜地失眠，隨時

第八章　贏的力量：極簡投資法
四、打敗 90% 投資的極簡組合

處於焦慮和彷徨中，距離憂鬱症僅一步之遙，這時我才深刻感知到金錢的重要性，甚至某些時候，你能拿它去買尊嚴，把看人臉色受人驅使的膽戰心驚全部收起來。

走上財務自由之路肯定不容易，但更不容易的是財務獨立。

我們並不強調金錢的重要性，但它給予我們安全感、自由選擇的權利，提供一種我們可以過上自己想要的生活的可能性。至少有一點無可辯駁：金錢可以使人更接近幸福的生活。

對於本書的最終完成，我首先要特別感謝我的家人，因為是父母的言傳身教讓我具有了良好的價值觀。如果沒有家人一直以來的支持、理解和信任，我肯定無法做到這一切。每當遇到困難和挫折的時候，是家人毫無怨言地默默陪伴我度過那些充滿焦慮和困頓的歲月。

其次，要感謝我的師父兼教練，他的諄諄教誨和高度信任，他的人生智慧和自律精神等，都傳導並鞭策著我努力前行。他已達到一個我永遠無法企及的高度。

最後，我要感謝投資大師李笑來和著名理財師簡七，本書中有不少地方借鑑和引用了他們的觀點與投資方法。當然，我也要感謝每一位真誠的朋友，是你們的寬容和鼓勵，才讓我能夠率性地生活，真實得像一把瑞士軍刀。

喻修建

國家圖書館出版品預行編目資料

用有錢人的思維賺錢：最輕鬆的投資入門，甩開定存的吃土人生 / 喻修建著 .-- 第一版 .-- 臺北市：崧燁文化，2020.09
　面；　公分
POD 版
ISBN 978-986-516-460-7(平裝)
1. 財富 2. 理財 3. 投資
563　　　109012651

用有錢人的思維賺錢：最輕鬆的投資入門，甩開定存的吃土人生

作　　者：喻修建　著
編　　輯：林非墨
發 行 人：黃振庭
出 版 者：崧燁文化事業有限公司
發 行 者：崧燁文化事業有限公司
E - m a i l：sonbookservice@gmail.com
粉 絲 頁：https://www.facebook.com/sonbookss/
網　　址：https://sonbook.net/
地　　址：台北市中正區重慶南路一段六十一號八樓 815 室
Rm. 815, 8F., No.61, Sec. 1, Chongqing S. Rd., Zhongzheng Dist., Taipei City 100, Taiwan (R.O.C)
電　　話：(02)2370-3310　　傳　　真：(02) 2388-1990
總 經 銷：紅螞蟻圖書有限公司
地　　址：台北市內湖區舊宗路二段 121 巷 19 號
電　　話：02-2795-3656　　傳　　真：02-2795-4100
印　　刷：京峯彩色印刷有限公司（京峰數位）

── 版權聲明 ──
本書版權為西南財經大學出版社所有授權崧博出版事業有限公司獨家發行電子書及繁體書繁體字版。若有其他相關權利及授權需求請與本公司聯繫。

定　　價：380 元
發行日期：2020 年 9 月第一版
◎本書以 POD 印製